令和の虎

人生は All or Nothing

岩井 良明

はじめに

人生のレールは、外れるほうが面白い

「『マネーの虎』の岩井社長ですよね！」

ここ2、3年、街角でよく、若い子からこんな声をかけられるようになった。

僕が出演したテレビ番組、『マネーの虎』（日本テレビ）が放送されていたのは２００１年10月から２００４年３月まで。

つまり、番組が終わってから、すでに15年以上になるのに……だ。

「君、なんで、知ってんの？」

僕が聞くと、共通して、こんな答えが返ってくる。

「ＹｏｕＴｕｂｅで見てます！」

僕は知らなかったのだが、どうも、ここ数年、若者たちの間で、『マネーの虎』の映像がＹｏｕＴｕｂｅで盛んに視聴されているようなのだ。

便利な世の中になったものだと、さっそく夜中に視聴してみた。

オンエア当時の僕は、「あいつは馬鹿だから何も考えないで金を出す」「岩井が金を出したヤツなんて、成功するわけない」と、視聴者からさんざん叩かれた。

なのに、ＹｏｕＴｕｂｅのコメント欄には、現在の視聴者である若者たちから、「岩井が一番見る目があったね」とか、「岩井社長のあの勇気って、すごい好きだわ」なんていうコメントが書き込まれているではないか。

嬉しい。

嬉しくてダーッと全部見てしまう。

嬉しくて、眠れなくなった。

思い返せば、オンエアの当時。

視聴者から叩かれたのは当然だった。

なぜなら僕は、到底、成功しそうにない起業アイデアにまで出資していたからだ。

そもそも、『マネーの虎』に出てくる志願者のビジネスアイデアが、「素晴らしい」なんていうことは滅多にない。事業経験がない若者が考えてくるアイデアなど、たかが知れていたのだ。

では、僕はいったい何に対してお金を出していたのか？

僕は、「人」に対してお金を出していたのだと思う。

「この子は、たとえ起業アイデアが失敗に終わって、サラリーマンに戻ったとしても、きっと毎月、僕にお金を返し続けてくれるのではないか？　地べたに這いつくばってでも、月に5000円ずつでも、返してくれそうな気がする」

と、そんなふうに思えた子には、割と感覚的にお金を出していたのだ。

だから、視聴者には、「あんな起業アイデアに金を出す岩井は馬鹿」と見えたのも、至極、当然のことだったろう。

しかし、それから年月が経ち、僕が出資した子たちは、みんな今も生き残ってうまくやっている。そのおかげで、「結局、岩井が一番、見る目があったよね」なんて言ってもらえているのかもしれない。

ここで告白しよう。

『マネーの虎』では成功者のような顔をしてお金を出していた僕だったが、**当時、僕は銀行ではないところに1億円の借金をしていた。**

とても他人様にお金を出せるような状態ではなかったのだ。

自分で言うのもなんだが、**僕ほど波瀾万丈な人生を送ってきた人間は滅多にいない**と思う。

僕がつい、「一所懸命な若者」を応援したくなってしまうのは、自分があまりにも波瀾万丈な人生を送ってきたことが背景になっているに違いない。

本書では、これまで限られた場でしか明かしてこなかった、**僕の滅茶苦茶な人生について包み隠さずお伝えしたい**と思う。

とても信じられないような話も数多く出てくるが、すべて、ウソ偽りのない真実だ。

そして、最後には、僕がこの滅茶苦茶な人生の集大成として取り組み始めた「若者と企業を結ぶマッチング事業」、名付けて**「就活の虎」の活動についても触れたい**と考えている。

「マネーの虎」から「就活の虎」そして「令和の虎」へ。

僕は、まだ、走り続けるつもりだ。

あなたは今、もしかしたら、「他人が敷いたレールの上を走るだけの人生」を送ってはいないだろうか？

果たして、そんな人生に面白みはあるのか？

一度きりの限りある人生。**後悔だけはしないで欲しい。**

人生は「All or Nothing」。

イチかバチか、妥協しないで生きて欲しい！

やりたいことにチャレンジして、あらゆる経験をしたほうが、レールに乗った「あたり前の人生」よりずっと楽しい。

人生のレールは、外れるほうが面白いのだ。


僕の人生は、決してあなたの手本にはならないだろう。

そして、僕は、自分が成功者だとも思っていない。

でも、もし、本書で僕のへんてこりんな人生について読んでくれたあなたが、**「こんな人生を送っても、生きてるじゃん」**と思ってくれて、あなた自身が面白おかしく自由に生きるための1つのきっかけにしてくれたとすれば、これ以上の喜びはない。

岩井良明

目次

第１章

『マネーの虎』とは、何だったのか？

まぎれもなく、僕の人生の１つの分岐点になったテレビ番組『マネーの虎』。

第１章では、この番組との出会い、そして、知られざる裏話についてお話をしたい。

『マネーの虎』との出会い

「1億円ある……」

『マネーの虎』との出会いは衝撃的だった。

僕が初めてこの番組を目にしたのは2002年のこと。

当時、名古屋で会社をやっていた僕は、その日、たまたま東京に出張していて、ホテルに滞在していた。

ホテルの部屋で夜中にテレビをつけると、偶然、当時はまだ深夜枠（土曜日24時50分〜25時50分）だった『マネーの虎』が放送されていたのだ。

まだ、関東ローカルの番組であり、名古屋ではオンエアされていなかった。だから、僕はこんな番組があることすら知らなかった。

これが、見始めるとめっちゃ面白い！

「なんで、こんな面白い番組を夜中にやってるんだ？　さすが、東京だなぁ」なんて思いながら、僕は番組に引き込まれていったのだ。

番組を見始めて、しばらくしてから気がついた。

審査員である社長たちは、各々が、自分の目の前に札束を積み上げているではないか。どうもそれは、1人2000万円の札束らしい。虎は全部で5人いるから、そこには1億円の札束があったのだ！

「はじめに」で話をしたとおり、当時の僕は1億円の借金があった。

その借金と同じ額の札束がテレビ画面の向こうに積み上げられている。

これを逃すなんて考えられないではないか！

『マネーの虎』をご存知ない方のために簡単に説明しよう。

同番組は、起業したい若者たちが公開で事業の企画をプレゼンテーションし、その企画を気に入った社長たちは好きな金額を投資するというもの。

投資家たる社長たちは番組のなかで「マネーの虎」と呼ばれ、それが番組のタイトルになっているわけだ。

もし、虎たちの出資額の合計が、志願者の希望金額に到達したら「マネー成立」となって、志願者はお金を受け取れる。しかし、希望額に達しなければ「マネー不成立」として、1円も受け取れないというのが基本ルール。

虎たちの意見は厳しく、志願者の起業アイデアはときにはサンドバッグのごとく叩きのめされたものだった。


その日、そんな番組を偶然にも目にした僕は、これは神の助けだと思った。

この番組に出て、**1億円をもぎ取ろう**と本気で思ったのだ。


番組の最後に「志願者を4時まで受付中」という内容のテロップが流れた。

番組の終了時間は2時近くだったが、オンエアのあと、約2時間、早朝の4時まで志願者を受け付けると。

電話番号をメモした僕は、すぐにその番号に電話をかけた。

しかし……。


つながらない。

何度かけても。

みんな、そんなに1億円が欲しいのか？

何度かけてもつながらないまま、時刻は刻々と過ぎ、さすがに嫌になってきた。

「次に、もう1回かけてつながらなかったら、これは縁がないということなんだな」と、そう思って、「よし、じゃあ、最後の1回」と覚悟を決めて電話をかけた。

僕は、そういうときの運は強い。

奇跡的に、その電話がつながったのだ。

「はい、お電話ありがとうございます。『マネーの虎』です」


かくして、運命の扉は開かれたのだった。

虎からの誘い

土曜日の深夜……というより、日曜日の早朝に、やっとつながった電話。

たぶん相手は、アルバイトの男の子だったと思う。

「どんなアイデアをお持ちなんですか？」

「えっ？　ここで出演の申し込みをしたいんですけど」

「いえいえ、まずはこの電話で、あなたが考えておられるビジネスアイデアをお聞きしたいのですが……」

言われてみれば、もっともな話だ。しかし、こっちは、さっき初めて番組を見たばかり。ビジネスアイデアなんてまったく考えていなかった。

仕方ないので、「実はこういうことを考えている」と、思いつくままにバーッとしゃべった。すると、「いや〜、面白いですね」と、結構、熱心に聞いてくれる。

そうなると、こっちもだんだんノッてきて、ひとしきり30分くらいしゃべりまくったと記憶している。

ところが、相手の子、僕がしゃべり終わると、言いにくそうにこう切り出したのだ。

「あの。すいません。こんなにお時間を取っていただいて、たくさんお話をお聞きしたあとでなんなんですけど、岩井さんはおいくつですか？」

「えっ、41だよ」

「そうなんですね。いやー、すいません。なんか、声がお若いので、ずっとお話をうかがってしまったんですけど、実は、ウチの番組、志願者の年齢制限があるんです。もちろん、キッチリでもないんですが、一応、30代前半ぐらいまでに決まってるんです。ごめんなさい」

内心、「おいおい、これだけしゃべらせておいて、最後にそれかよ！」とは思ったけれど、まあ、ルールはルールだし、僕はおとなしく電話を切ったのだった。

だから、本当なら、『マネーの虎』とは、それっきりになるはずだった。

さて。日曜日はそのまま終わり、明けて月曜日の朝のこと。

名古屋にある自分の会社に戻った僕は、デスクに1枚のメモを見つけた。

「日本テレビから電話がありました。折り返しお願いします」

瞬間的に「やった！　これは出してもらえるんだ！」と思った。


しかし、喜びを隠して日本テレビに電話した僕に、電話口に出た番組の担当者（AD？）は、開口一番にこう告げてきたのだ。

「最初に申し上げますけど、志願者として番組に出ていただきたいという話ではないです」

「えっ、じゃあ、なんのご用なんですか？」

「実は、志願者の電話を受け付ける担当から、『非常に面白い人がいる』と報告がありました。ただ、こうこうこうで、年齢もいっていらっしゃると……」

「……………」

「で、失礼ながら、Webで岩井さんの会社のホームページを拝見させていただきました。そうしたら、すでに立派に事業をやっていらっしゃる」

「そうですね。他の志願者とは違いますね」

「そうなんです。それで、今さら志願者として出ていただくのは、やっぱり難しいと判断せざるを得ない。でも、私、個人的に岩井さんに非常に興味を持ちました」

「はあ……」

「岩井さんは、広告代理店の事業のほかに学習塾もやっておられますよね。で、ホームページで岩井さんのお顔を拝見して、その、たいへん失礼な言い方ですが、ギャップがあるなと……」

当時の僕って、今より20キロくらい太っていて、貫禄十分。しかも、髪を金髪に染めていたので、まあ、プロレスラーのような風貌。

その僕が、会社を経営していて、しかも学習塾もやっていると。ひと言で言えば、キャラ立ちがあったということなのだろう。

ADらしき男は、続けてこう言ってきたのだ。

「岩井さん、ものは相談ですけど、マネーの虎側で出る気はありませんか?」

あまりにも突然の誘い。虎は突然、牙をむいてきたのだった。

意味わからんわ!

聞いた瞬間、正直、「はあ? 意味わからんわ!」って思った。

だってこっちは、お金に困っているから志願者になって番組に出ようと思ったわけで。「自慢じゃないけど、僕、今、1億円の借金してますから！」って、のど元まで出かかった。

「あのさぁ……。お金が欲しくて申し込んでいる人間に、虎側で出ろって言われたって……。意味わからんわ」

そう言って、僕は電話を切った。

電話を切ってしばらくすると、今度は、FAX（当時はまだ電子メールよりFAXが一般的だった）が流れてくるではないか。

何かと思ったら、番組の企画書。

こうこうこういう番組なんです、みたいなものが送られてきた。本当は、こっちが志願者になって番組にビジネスアイデアの企画書を送ろうと思っていたのに、まるっきり逆じゃないか！

まったく鬱陶しい……。

無視していたら、今度は、番組のプロデューサーから直々に電話がくるようになった。曰く「**番組に、出る、出ないは別にして、とにかく、1回、会ってもらえませんか**」って。

そんなことを言われても、こっちは虎側で出るどころか、来年までに借金を返さなければ、ヤバいことになるという状況だったから、それどころじゃない。

やっぱり、無視を続けていたら、とうとう、ウチの会社に、番組のプロデューサーがやって来てしまったのだ。

僕の会社の本社は、愛知県の江南《こうなん》市という田舎町にあったのだけれど、あろうことか、そこまでプロデューサーが足を運んで来てしまった。

こんなところにまで、わざわざやってきた相手を追い返すわけにもいかず、とりあえず、社長室に通して話を聞くことにした。

すると、そのプロデューサーが自分でカメラを回し始めるではないか。

「ちょっと待ってくださいよ！　これ、なんですか？　どうして、カメラ回してるんですか？」

「いや、これは社内資料ですから大丈夫です。とにかく、外には出しませんから、記録として残させてください」なんて、しれっと言う。

「もしもの話ですけど、岩井さんが虎として番組に出たとしたら、いくらぐらいまでなら出せますか？」と、いきなりインタビューが始まっているし……。

おいおいと思ったけれど、僕も聞かれたら答えるほうなので、「いやぁ、でも、僕なんかだったら最大1000万円くらいかな」なんて、答えてしまう。

そんなふうに、相手に乗せられて話すうちに、僕の頭のなかでは、いろいろな考えが駆けめぐりはじめていた。

(どうせ、関東ローカルの番組で、名古屋ではオンエアしていないのだから、塾の子どもたちやその保護者たちが番組を見ることはないやろ……)

(犯罪者にでもならないかぎり、なかなか出られないテレビというものに、一生に1回くらい出演するのも悪くないか……)

プロデューサーが「番組としては、岩井さんは非常に面白いキャラクターだというふうに思っています。何とか出てもらえませんか？」と言ってきたとき。僕はとうとう、こう言ったのだった。

「じゃあ、わかりました。1回出ましょう」

どうせ誰も見ないし、自分の思い出として1回出て、お金は出さなければいいんだ。

そのときは、本当にそんな軽い気持ちだったのだ。

しかし、僕が出演を承諾して間もなく、事態はとんでもない方向へと動きだしたのだった。

もう、出たるー！

僕が番組への出演を承諾してから、ほんの数日が経ったある日のこと。とんでもない電話が飛び込んできた。

「岩井さん、出演をご承諾いただいたうえで、こんなことを言うのは何なんですが、ちょっとたいへんなことになりました」

「なんです？　どうしたんです？」

「実は『マネーの虎』、視聴率が良すぎて関東ローカルから全国ネットになり、放送時間も金曜日の夜8時からというゴールデンタイムに放送されることになりました！」

「えっ、それ、やばいじゃん！」

そう思いましたね。

「それじゃや、みんな、見ちゃう！」

こうなると、もう僕の一存では、決めることはできない。

「すみません、もうすぐ、会社の総会があるんです。その席で社員にも確認しますんで、1回は承諾しましたけど、最終的な回答を待ってもらっていいですか？」

そう伝えて、電話を切った。

会社の総会の日。

全社員の前で、僕は言った。

「実は、『マネーの虎』っていう番組から出演のオファーが来てるんだ。見たことある人いるか？」

聞いてみると、やっぱり、若い社員は結構見ていた。

当時でも、もうネットとかで見ていたのだ。

僕は続けた。

「あの番組が金曜日のゴールデンタイムの夜8時から全国ネットで流れる。その番組に俺の顔が映って、あんなことをやるんだけど、どう思う？」と。

「会社の名も出るし、塾の子どもや保護者にも丸見えになるけど、どう思う？」と。

そして、「正直に答えてくれればいいから。基本的に反対だというやつ、手を挙げてくれ」と。

すると、全社員の5分の2くらいの人間が手を挙げた。

恐る恐る、「やっぱり、ちょっとまずいんじゃないかな」という感じで……。

まったく、僕という人間はやっかいで、この5分の2くらいの社員に反対された途端、カーッと頭に血がのぼってしまったのだ。

もう、そこからは、「ちょっと待て」と、一気にまくし立ててしまった。

自分から「正直に手を挙げてくれ」とか言っておいてなんなんだけど、お前ら、オレのことを見くびってないか？

オレがあの番組に出たら、保護者から「あんな人間がやっている塾に子どもは通わせられない」ってクレームがくると思って反対したのか？

だったら、ふざけるな！

あんな番組でも、たぶん、出演すれば人間性が出るだろう。

でも、そうなっても、ぜったいに保護者からクレームをもらうつもりはない！

オレは番組に爪跡を残す！

よーし、わかった、前言撤回！

俺、出るわ！

番組に出て、もし、1本でも保護者からクレームの電話が入ったら、その時点で番組を降りる。

そういう約束をお前らとする！

自分で思い出しても、「おいおい……」なのだが、そのときは「もう、出たるー！」ってなって、社員たちに啖呵を切って番組への出演を決めたのだった。

初出演で、「やってしまった……」

2002年春。はじめての収録の日。

勢いで番組への出演を決めたものの、とても、志願者のビジネスアイデアにお金を出せるような状態ではなかった僕。

本番前に、事情を知るプロデューサーからは、こんなことを言われた。

「岩井さん、お金は出さなくていいです。本当に自分が気に入って、これはいいと思う時だけ出してください。うちの番組、やらせは一切ないので。**全部、ガチでやってますから**。今までだって、1円も出していない社長が何人もいますから。だから、気楽にやってください」

この言葉で少し気が楽になった。まあ、こっちはお金を出したくなっても出せない状態だったのだが……。

そんな状態で始まった収録。

1本目に登場した志願者のプレゼンテーションは「パソコン救急バスターズ」。

簡単に言えば、「車でパソコンの修理に向かいます」というビジネスアイデアだった。

すると、この若い志願者のアイデアに対して、何人かの社長、つまり「マネーの虎」たちが、ボロクソにけなしだしたのだ。もう、単に潰しにかかっているかのようで、僕は、聞いていてだんだん腹が立ってきた。

「マネーの虎だかなんだか知らねぇが、ちょっと自分が社長で成功したというだけで、ここまで言う権利があるの？」

だって、志願者が人生をかけて考えてきたアイデアでしょ。

それは、たしかに稚拙な部分はあるかもしれないけど、公共の電波の場で、人格否定もどきのことまで言う。

「なんて失礼なやつらなんだ」って、もう、すっかり、むかっ腹を立てていた。


あの番組、収録の間に休憩が入るのだけど、その休憩時間、カメラが止まっている時に、本番で僕の席の隣に座っていらっしゃった小林敬社長がささやいてきた。

「岩井さん、他のやつら、腹立ちまんなぁ」

小林社長は深夜放送時代からの出演者。

たぶん、本番中に、自分のすぐ隣の席でムカムカしていた僕に気がついて声をかけてくださったのだろう。

「あいつらの考えることはおかしいわ」

まったくその通り、と思って、うなずく僕。しかし、小林社長が続けて言った言葉にぎょっとした。

「一緒に出しませんか?」

志願者の希望額は670万円。それを半分ずつ、つまり335万ずつ出資しないかと……。そんなことを言われても、こっちは1円も出す余裕がない。

でも、その時の気持ちは、コテンパンにやられている志願者の若者に半分同情していた。そして、この黒澤君という志願者、ちゃんと、しゃべれてるじゃん。もしかしたら、この子、頑張れるかもしれないって思っていた。

そう考えると、もう、放っておけない。

本番がスタートすると、僕は、結局、出してしまったのだ。335万を!

小林社長の335万と合わせて670万円になって、希望額に到達。

もう、あっという間に「マネー成立」!

うわーーーっ、やってしまった!!!

笑いごとではなく、僕は収録が終わってから控え室で頭を抱えた。

一応、僕が番組に出て、会社名を売るという名目で、会社の経費としては、「広告宣伝費」で処理することにはなっていたけど、335万なんていうお金を出す余裕はどこにもなかったのだ。

いったい、会社に戻って社員になんと言えばいいのか……。

でも、もう「後悔先に立たず」だ。

やってしまったものは、もうどうしようもないと、腹をくくったのだった。

俺、もう呼ばれないんや！

僕が、「やってしまった」はじめての収録の日の帰り道。

本番で一緒だった川原ひろし社長が寄って来て、声をかけてくださった。

「岩井さん、今日、初めてですよね」

なにしろ僕は、本番で335万円の出資が決まった時、自分の目の前に積んである20束の100万円の束から3束を取り、次の4束目から35万円を数えようとしてカメラを止めさせた男だ。番組では、出資額の端数は切り上げて、100万円の束をポンと出すのが決まりなのに、それを知らずにお札を数え出して「はい、カメラ止めて!」って。「岩井さん、端数はいいので、4束出してください」と注意されたくらいなので、レギュラー陣から見たら、「初出演丸出し」だったのだろう。

川原社長は、そうと知って、親切にも声をかけてくださったのだ。

川原社長によると、この番組の**「マネーの虎」たちには、「レギュラー」は1人もいない**ということだった。

どういうことかというと、毎回毎回、「次回の収録に来ていただけますか?」とオファーがあって、それで初めて出演が決まるのだと。

川原社長は、深夜時代の初回からの「番組の顔」で、ほぼ、毎回出ているイメージだったが、それでも、「自分もレギュラーではない」と。

要は、キャラ立ちすれば、毎回のように声がかかるが、そうでなければ、2度と出演できるかどうかもわからないということだった。

川原社長から、別れ際に「岩井さんも、また、呼ばれるといいね」と言われて、「ちょっと待てよ」と……。

えっ? 何? もう呼ばれないこともあるの?

プロデューサーがわざわざ江南市までやって来て、あんなに強く誘われたのに？

社員に「俺、番組に爪跡残すから！」って、偉そうに宣言したのに？

最初の出演で、335万円を出して、「はい、これっきり」ってなったら、もう、立場ないじゃん！

お金を出したことも頭が痛かったけれど、「もう呼ばれないかもしれない」ということも、それに匹敵するくらいの衝撃だった。


さあ、それからは、次の出演依頼の電話を待つ日々になった。

それなのに、こないのだ。電話が。

1週間経っても、2週間経っても……。

やばい！　これ、マジで1回こっきりや……。

俺、もう呼ばれないんや！


そんなことを考えていた3週間目。

ようやく電話が入った。

「岩井社長、この間はお疲れ様でした。次回の収録にお越しいただけますか？」

そう聞いた時は、もう、「よかった。俺、呼ばれた〜」って。

最初はあんなに渋っていたのに、我ながら、「どんだけ、目立つことが好きなんだよ、自分！」とあきれるしかない。

その時は、もちろん、「もう、2度とお金は出さない」って、心に誓っていた。

しかし、それから、ほぼ2週に1回くらいのペースで出演を重ね、結局、ゴールデン進出後の2年間の放送の間に、僕は8、9人の志願者にお金を出したと思う。

ちなみに、僕の出資金額の総合計は、「マネーの虎」たち全員のなかでも、高橋がなり社長に次ぐ第2位だったのだから嗤ってしまう。

こうして僕は、最初は、**1億円をゲットしようと思った番組に、逆に約6000万円を注ぎ込んでしまった**のだった。

たぶん、社員たちの多くは、「うちの社長はいったい何を考えているんだ。こんな人についていっていいのか？」と思っていたことだろう。

でも、僕は僕なりに、**この番組を起爆剤にして、社会に大きな変化を起こすことはできないか**と、ある意味、勝負をかけていたのだった。

印象的だった志願者1　僕のもとに飛び込んできたA君

2年間も番組に出ていたなかで、印象に残っている志願者の1人がA君だ。


とにかく彼の第一印象は最悪だった。

若造のくせに、上から目線の調子こいた口調が鼻についた。

たしか僕は、「お前ほど嫌いなヤツはいない」とまで言ったと思う。

しかし、そんな失礼なヤツなのに、最初、僕を含めて、3人が「お金を出す」という流れだったのだ。

ところが、話をしていくと、だんだんおかしな方向に話が進み、流れが変わった。

僕が最初に「もう、やってられんわ」って降りて、他の2人も結局降りてしまって、0円に戻ってしまったのだった。

そうなったところで、また、僕の悪い癖がでた。

0円に戻ってしまった時のA君の顔を見て、ふと、思ってしまったのだ。

「ここまで**叩きのめされて、どうしようもなくなったヤツをなんとかするのが、自分の仕事**

なんじゃねぇ?」

僕は塾をやっていて、曲がりなりにも教育者だ。

勉強ができない子たちに一生懸命に教えることで、「その子たちを変えてきた」という実績と自負がある。

ほかの社長たちはA君を救わなくても、ここで**彼を救うのは自分しかいない**のではないか?

僕は性善説に立っているので、どんなヤツでもいいところは絶対にあると思っている。このA君も、自分が鍛えれば変わるのではないか?

そんな思いが頭を駆けめぐって、もう、A君が、塾で一番ダメな子に見えてきてしまった。

もし、自分が「お前ほど嫌いなヤツはいない」とまで言ったヤツを、あえて自分のところで仕事をさせて変えることができたら楽しいだろうな……って、そんなふうに思えてきたのだ。

で、僕、A君に「自分についてくる気はあるか?」を聞いてみた。

そうしたら彼、「ついて行きます」と。

それで僕、お金をドーンと出して、オンエアは終了した。

いったい、放送のあと、A君がどうなったのか?

視聴者は気になったことだろう。

ここで、お話をすると、彼、本当に僕のもとに飛び込んで来てくれた。つまり、僕のやっている塾の社員。つまり、先生になってくれたのだ。

勤務ぶりは、すこぶる真面目だった。

番組での印象と異なって、すごく、いい子で、生徒たちにも慕われた。

僕も「なんだよ、こいつ、いいヤツじゃん」なんて思ったものだ。

もう、記憶があいまいだが、「2、3年間、ウチの塾で働いたらお金を出すから、それを元手にしてアメリカでレストランをやれよ」なんて話をしていたと思う。


でも。

残念ながら、半年が過ぎた頃、A君は、ある日突然、いなくなってしまった。

お父さんに連絡したけれど、お父さんも「家を出ていて連絡がつかない」とおっしゃる。

結局、そのまま、今に至るまで音信不通のままだ。

あとから思うと、僕の塾で働いている時、もしかしたら、「岩井社長の期待に応えなければ!」なんて思って、無理して「素晴らしい自分」を演じていたのかもしれない。

それが辛くて、半年で限界が来てしまったのかも……。

僕にとってはちょっと寂しい後日談で、この話をこうして書くのは初めてのことだ。

音信不通にはなってしまったけれど、彼のことだから、きっとどこかで元気にやってくれていると思う。

そんな思いも込めて、あえて、披露させていただいた。

印象的だった志願者2　僕を涙させた、キムチのキムさん

「キムチのキムさん」こと、金栄《きんさかえ》さんは、もともと、河原でバーベキューをしている人たちにキムチを売ることからスタートしたそうだ。その後、店舗を持ったが、「もっと、広い地域のたくさんの人たちに自分のキムチを食べてもらいたい」と考え、「車を使った移動販売事業」を思いつき、『マネーの虎』に挑戦してきた。

彼女は、僕にとってもっとも思い出深い志願者だ。

僕は彼女の「キムさんのデリキムチ」のプレゼンを見ながら、その態度や受け答えから、誠意や気づかいを感じ、「この人なら信じられる」と出資させてもらった。

それだけなら、多くの出資者のなかでとくに印象に残ることはなかっただろう。

『マネーの虎』では、虎から出資を受けた人たちの「その後」を追いかけることがあった。

この金さんについても、移動販売車の「キムさんのデリキムチ」が開業した初日をテレビカメラが追いかけ、「初日の売上目標が達成できるかどうか？」が放送されたのだが、目標額を達成したとき、僕は不覚にも泣いてしまったのだ。

実は、僕が泣いたのには訳があった。

「キムさんのデリキムチ」オープン初日に金さんと。

話は彼女が「デリキムチ」の準備を進めていた頃に戻る。

どの志願者でもそうなのだが、僕は、自分が出資することを決めた志願者に対しては、事業をうまく立ち上げるためのフォローを続けるのが常だった。なので、金さんについても、オンエア後、「デリキムチ」のロゴタイプの制作や移動販売車のデザインなどについて全面協力していた。

あるとき、名古屋ロケか何かで、金さんをテレビが取材している時、突然、彼女がスタッフに「すいません、ちょっとだけ、テレビが入らないところで社長に話したいことがある」と告げて、1人で社長室に入ってきたことがあった。

僕が「金さん、どうしたの？」って聞くと、彼女はこんなことを話してくれたのだ。

「夫が会社を辞めて無職になり、子どもを2人抱えて生活が立ち行かなくなって以来、私はキムチのお店を立ち上げて、夫と二人三脚で今日までやってきました。一時は本当にお金がなくて苦労しました。だから、ずっと、なんとか事業を成功させなくてはって頑張ってきたんです。でも、こうやって岩井社長がそばにいてくれて、親身になってアドバイスをしてくださる姿を見るうちに、考えが変わりました」

「どう変わったの？」

「いつか事業が成功して、お金に困らなくなったら、私も岩井社長のように、誰かを応援できる人になりたい」

「今、お金に困っている自分が言うのはおこがましいけれど、そう決めたんです」って、そんなことを言ってくれたのだ。

僕、もう滅茶苦茶に感動して、「金さん、まだ事業が成功する前からそんな気持ちになれたのは素晴らしいよ！ もう、今日のこの言葉だけで、僕は金さんにお金を出してよかったたって思えた。だから、思いっきり頑張ればいいから」って伝えたのだ。

それが涙の理由だった。

司会の吉田栄作さんから「何か彼女に言ってあげたいことはありますか?」って言われた時、急にその日のことが思い出されて、「実は、こんなことがあってね」って、彼女の言葉を話しだしたら、もう、涙がポロポロでてきて止まらなくなってしまった。

『マネーの虎』って、「虎」だから強くなきゃいけない。なのに泣いちゃって、これはもうNGだと思ったから、このまましゃべっちゃえって。泣きながら金さんに「**いつか金さんも、応援団になってください**」って言って収録は終了した。

「はい、カット」ってなって、スタッフに「泣いちゃってごめん。撮り直し?」って聞いたら、「社長、こんなオイシイ場面を使わないわけないじゃないですか」って。

「うそっ? これ、流れるの?」って思っていたら、本番で流れるどころか、番組宣伝のCMにまで、「虎の目に涙」ってバンバン使われてしまった。

ただ、その回は、すごく視聴率がよくて、僕にとっては潮目というか、「岩井って、馬鹿社長だと思っていたけど、案外、イイ奴じゃん」て、視聴者の印象が変わった回になったのだった。

『マネーの虎』が人生を変えてくれた

金さんの事業を立ち上げるお手伝いとして、「デリキムチ」のロゴタイプの制作や移動販売車のデザインなどについて全面協力できたのは、僕の会社、「モノリスジャパン」が広告代理店だったということが大きい。

新しい事業をスタートする時、ロゴの作成や広告、チラシなどのプロモーションは付きもの。志願者は皆、事業の素人なので、大いにバックアップさせてもらった。

一度応援すると決めたからには、全員に成功してもらいたかったから当然のことだ。

『マネーの虎』という番組が素晴らしかったのは、虎たちのなかに「自分が出資した事業が成功したら、これだけちょうだい」なんていう社長がいなかったこと。

言わば、あの番組は担保のない融資の番組だった。

たとえば、番組のなかで1000万円出資したとして、「事業をやってみたけど失敗しました」となったら、その1000万円はスッパリとあきらめる。事業が失敗したのに、「出資したお金を返してくれ」などということは一切なかったのだ。

そのかわり、「事業が成功したら、出資した金額くらいは返してね」と。

まあ、実際には、タダでは貸せないので、年利1パーセントだったが、はっきり言ってタダみたいなもの。

そういう約束で、虎たちは全員、自腹でお金を出していた。

それが、『マネーの虎』という番組だった。


ちなみに僕は、事業アイデアよりも「この人は信用できるか？」を見てお金を出していたおかげで、出資した6000万円のほとんどが返ってきた。人で言えば、某お笑いタレントの1案件を除いて全員からお金が戻ってきている。

僕の最初の出資者である「パソコン救急バスターズ」の黒澤君や、金さんのように、事業が軌道に乗り、その規模を拡大させている成功者もいて、嬉しい限りだ。

しかし、聞くところによると、ほかの社長さんたちは、平均すると出資額の半分弱くらいしか返ってこなかったという話だ。

そんなこともあって、今になって、ネットで「岩井が一番見る目があった」なんて、言われているのだろう。

僕が、多額の借金を抱えているにもかかわらず、虎側として『マネーの虎』に出演したことは、間違いなく、人生の大きな分岐点の1つだったと思う。

あの番組のおかげで、ラジオにレギュラー番組を持ったり、映画や舞台に出演させてもらったり、ありとあらゆる、芸能人もどきの露出をさせていただけた。

目立つことが大好きな僕にとっては、一生分楽しませてもらったと思う。

それだけではない。『マネーの虎』で顔が売れたおかげで、全国の商工会議所や青年会議所などから、たくさんの講演会の依頼をいただいた。あと、僕は塾もやっているので、PTA連合会からも……。たぶん、当時だけで、400講演はやったと思う。

ちなみに、そうした講演は、本業の妨げにならないよう、月に6日あったお休みの日に予定を入れてこなしていた。中小企業なので、週休2日ではなくて、月のお休みは6日間だけだったのだ。社員たちには、「講演は、お休みの日に入れているから許してね」なんて言っていた。

僕は、「社長がずっと働いている姿」というものは、あまり、社員に見せるべきではないと思っている。

だから、なるべくわからないようにはしているけれど、この頃は、中小企業の社長にありがちな、1か月の間に休みの日が1日だけとか、そんな状態で働いていた。

まあ、自分で言うのもなんだが、根っから仕事が好きなのだと思う。

変な言い方になるが、番組で出資した6000万円はほとんどが戻ってきたし、相次ぐ講演の依頼によって、投資額の何倍というお金をいただくことができた。

結果として、『マネーの虎』は、僕の莫大な借金を返す助けになってくれたというわけだ。

東京に宿泊したあの日、ホテルで偶然に見た番組。不思議な縁だと思う。

そして僕は、「はじめに」で触れたように、今また「虎」としての活動を開始した。

そのことついては、本の後半でお話をしたいと思う。

第２章

天才少年の転落

自分で言うのもなんだが、実は僕、子どもの頃は「神童」と呼ばれたほどの天才だった。
夢は、小説家になること。

そんな、天才少年は、いかにして、挫折し、転落していったのか？

第２章では、僕の人生のレールが狂い始めた学生時代についてお話をしたいと思う。

母が、僕にだけ厳しかった理由

僕の母は、僕が生まれる前、満州にいて、そこで終戦を迎えたと聞いている。

その母の最初の旦那さんは、中国で麻薬Gメンをやっていたそうだ。

終戦の日、旦那さんは「アヘンは金になるから」と、リュックに詰め込み、母と生まれたばかりの長女の3人で満州鉄道に乗り込んだ。

しかし、すぐに中国人の警官に見つかって、親子3人、命からがら列車から飛び降りて生き延びたという。ここで、もし母が死んでいたら、僕はこの世に誕生しなかったわけだ。

なんとか日本に引き揚げてきた親子。しかし、この旦那さん、肺結核を患っていて、結局、子どもも結核になってしまい、母だけを残して2人とも亡くなってしまった。

母は、たった1人だけ生き残り、若くして未亡人となったのだった。

まわりから勧められて、母は再婚。再婚相手は、先妻を病気で亡くしていて2人の連れ子がいた。この再婚相手こそ、僕の父親というわけだ。

父は、名古屋市の某大手企業のサラリーマン。その会社に入る前は、自分で事業を興したものの倒産させてしまい、その大企業の社長さんに拾ってもらったという過去があるという。

どうも、僕の起業家としての血は、この父親から引き継いだものらしい。

そんな父と母の間に僕が生まれたのは、１９６０年（昭和35年）のこと。

だから、僕には兄が２人いるけれど、それは父の先妻の子で、血は半分しかつながっていない。僕は、岩井家の三男坊だけれど、戸籍上は長男ということになる。

僕が、そうした家族の関係というか、真実を知ったのは18歳の時だ。

５歳当時の僕。今とは違って、美少年（笑）

僕の母は、ものすごく真面目で、「人はこうあるべきである」という「あるべき論」が強く、「派手なことはやるな。コツコツやれ。お金は無駄遣いしないで、１円でも多く貯めなさい」という人だ。まあ、言ってみれば父とは真逆のタイプ。

僕は母に対する反発が強くて、「そんな、クソ真面目な人生、何が楽しいんだろう」ってずっと思っていた。

でも、18歳にして、家族の真実を知り、母がどうして、そんな考え方をするようになったのか、**どうして、3人兄弟のなかで僕にだけ、めっちゃ厳しい**のか？　僕のことだけが嫌いなのだろうか？……と、そんな疑問の答えがすべてわかった気がしたのだ。

母は、やっぱり、自分が産んだ子は僕だけなので、兄貴たちには遠慮があって厳しくできなかったんだろう。

そういう、**家族関係を「18歳でやっと知った」という経験は、今の僕に大きな影響を及ぼしている**と思う。

僕はよく、人から「岩井さんはどうしてそんなに人に気を使うんですか？　そこまでやらなくてもいいのに」と言われることがある。

その理由は、**やはり、僕だけが、まわりに気を使わずに育ったんだという後悔**が、今、人に対して気を使う自分を作っているのだろうと思っているのだ。

つくづく思うのは、**一見、普通に見える家庭にも、他人にはわからない歴史がある**ということだ。

だから、人と接する時は、そこまで想像して接しないといけない。

なにしろ、一番身近な家族でさえ、知らないことは山ほどあるのだから。

僕の父はもう他界したが、実は昔、応援団の団長をやっていて、僕が応援団になったことを喜んでいたのだそうだ。

父が死んでから、兄貴が『良明には絶対に言うな』というから黙っていたけど、お前が応援団をやっていることを、親父は、すげえ喜んでたんだぞ」って教えてくれて、驚いたものだ。

起業家の血、応援団の血……。

つくづく不思議なものだと思う。

お母さん、この子は天才です！

僕がまだ小学生だった頃のこと。

家庭訪問で家にきた学校の先生が、母にこんなことを言ったらしい。

「お母さん、良明君はものすごい知能指数です！　１６０を超えています。この子は天才です。知能指数１６０は天才なんで、いつか、すごいことをするかもしれませんよ！」

知能テストの結果って、本当は教えちゃいけないらしいのだけれど、興奮した担任の先生が母に伝えてしまったのだ。

それをまた、「本人には言わないでくださいね」と釘を刺されたにもかかわらず、ウチの母、僕が学校から帰るなり、「あんたぁ」って叫んで、「先生がこんなことを言っていたわよ」って、全部、しゃべってしまった。

言われてみれば、僕。知能指数のテストって、制限時間が3分とか決まっているのに、たぶん、10秒か20秒で全問解けていた。そして、自分が終わってまわりを見ると、ほかの子はまだ必死でやっていて、「んっ？　なんでみんな、そんなに時間がかかってんの？」って不思議に思っていたのだ。


知能指数のせいかどうかはわからないが、僕は、子どもの頃から本が大好きだった。

小学生の頃は病弱で、病院に行くと、母が「あんた、熱でやることがないだろうから、これでも読みなさい」って、本を買ってくれたものだ。

それに味をしめて、朝、体温計を持って来て、それをこすって7度3分くらいまで上げて、「お母さん、熱っぽい」なんてウソをついたこともあった。

病院に行って熱を計ると、ごまかせなくて平熱なんだけど、「まあ、今日は無理せず学校は休みなさい」ってなって、僕はまんまと、本にありついていたのだ。

思えば、僕は子どもの頃から早熟で、「なんで、人間は生まれてくるんだろう？」とか「なんのために生きるんだろう？」とか、そんなことを自問自答する小学生だった。

そして、**自分がこの世の中に「生きた証」をなんとしても残したい**と思っていた。

だから、子どもの頃に、最初に描いた夢は小説家。

自分がとんでもない知能指数だと知ってしまったこともあって、「自分には才能がある」って、勘違いしてしまったのだろう。

もちろん、この小説家への夢は、のちのち挫折するのだが……。

まあ、そんなわけで、小学生の頃は超優等生だった。

1年生から5年生までは、当然のように学級委員。

黒板に、投票の「正」マークを書いていくと、投票はほぼ全員、僕だった。

そして、6年生では、立候補して前期も後期も生徒会長。

自分で言うのもなんだけれど、神童だったのだ。

それが、小学生時代。

僕が、その小学校から名門の東海中学に入った時は、「わが校始まって以来の名誉です」って、校長先生と教頭先生がお菓子を持って挨拶にきたほどだった。

その頃にはもう、ご近所でも有名で、母が買い物に行くと、「息子さんすごいのね。東大に行くの？」なんて、声をかけられたという、そんな世界だった。

母にしたら、わが世の春。

僕にしても、将来の大作家へ向けて、順調に進んでいるという感覚だった。

ところが……。

いざ、東海中学に行ってみると……。

そんなヤツばっかり500人いたのだ！

このあたりから、順風満帆のはずだった、天才少年の人生の歯車が、少しずつ狂い始めるのだった。

天才少年の敗北

カルチャーショックだった。

男ばかり、500人の天才たちのなかに放り込まれた、ド田舎出身の小天才。ちっぽけな自分……。

最初のテストでは、500人中の340番だった。

「えっ？　俺の上に339人いるの!?」

もう、自分のそれまでの人生では考えられない順位。

神童だったはずなのに？

大ショックを受けて、それから、がむしゃらに勉強した。

そうしたら、2年生のときには、学年で13番までいったのだ。

おかげで、保護者面談では、「お母さん、良明君は、このまま行けば、東大に行けます」と言ってもらうことができた。

まあ、思えば、それがいけなかった……。

「やっぱり、僕は賢いんだ。やればできるんだ」って思ってしまったのだ。

「やればできるんだから、しばらく遊ぼう」って。

で、ちょっと油断して遊んでいたら、あっという間に480番。

500人中で480番て、もう、笑ってしまうくらいの転落ぶり。

今でもよく覚えているのだが、僕から「勉強をする気」を奪う、とても印象的な出来事があった。

それは、こんな出来事だ。

あるとき、僕は、「intellectual（知的）」という単語を覚えようと思って、ノートに何回か書いたことがあった。

と、それを見た同級生の1人が、「お前、なんでそれ、何回も書いてんの？」と聞いてきたのだ。

「それは、覚えなきゃいけないからさ」と答える僕。

すると、その彼、心底驚いた顔でこう言ったのだ。

「そんなもん、1回書いたら死ぬまで忘れんだろ！」

その言葉を聞いて、僕は悟ったのだ。

「あっ、こいつらは自分とは、脳みそのできが根本的に違うんだ」

その瞬間に、一生懸命に頑張っても「こいつらには勝てない」とわかってしまった。

やる気が萎えてしまったというか……。

事実、その言葉を僕に言った彼、めっちゃワルで、普段は僕と一緒に遊んでばかり。

どう見ても、ぜんぜん勉強していないはずなのに、某国立大学の医学部に軽々と現役で合格してしまった。

そういう子が同級生にごまんといたのだ。

だから僕は、途中から、勉強で彼らに勝とうという気が、まったく無くなってしまったのだった。

それが中学の話。

早々に勉強では同級生たちに勝てないと悟った僕は、いよいよ、小説家になるという夢にまい進していったのだ。

年間何百冊という本を読み漁り、小説ばかり書いていた。一番好きだったのは、いわゆる自然主義文学のなかで白樺派と呼ばれていた武者小路実篤。

彼の小説が好きで、生家を訪ねたりもしたものだ。

東海高校に進学し、高校生になると、出版社に自分が書いた小説を送ったこともあった。

もちろん、なんの返事もなかったが……。

五木寛之の『青春の門』にハマって、「小説家になるのなら、やっぱり、早稲田の一文（第一文学部）だ」と信じ込んだ時期もあった。

「**早稲田一文に入って、わざと中退して小説家になる**」というのが、中学時代に天才たちに敗れた僕が、高校生の頃に憧れた「将来の夢」だったのだ。

高校時代に知った、ある真理

中学に入った時、「男ばかり、500人の天才たち」が集まっていて、最終的に、勉強に挫折した僕。

それでも、なんとか東海高校に進学したが、そこで待っていたのは、さらに、男ばかり100人の天才の追加だった。

つまり、天才の数が600人に増えたのだ。


そうなると、もう、全校でも、成績はピンからキリまでになる。

できる子と、できない子がはっきりと分かれるのだ。

そして、もちろん、小説ばかり書いているような僕は、完全にキリのほうに仲間入りしていた。


高校自体が、いわゆる、おぼっちゃまがたくさんいる学校だったこともあり、僕が当時、つき合っていた「成績がキリのほうの友だち」にも、お金持ちの子どもがたくさんいた。

そんな彼らの別荘（もちろん、彼らの親の別荘だが……）で開かれる宴会に参加したりして、僕はどんどん悪いことを覚えていったのだった。

高校生にして、酒、たばこ、女。

なんでも経験した。

男性諸氏ならわかってもらえると思うが、高校生にして女性を知ってしまったら、もう勉強どころじゃない。頭のなかは四六時中それればっかり。

成績がキリになるのも当然のことだ。

そんな高校時代に、お金持ちの彼らと付き合うことで学んだ、1つの「真理」がある。

僕の家は普通の家だったので、実は、最初の頃、そんなお金持ちの彼らに対して、僕はすごくコンプレックスを持っていた。

正直、「いいなあ、こいつら。こんな金持ちに家に生まれて、こいつらは自分の努力と関係なく、お金に困ることなんて一生ないんだろうな。それに比べて……」なんて考えて、自分を卑下していたのだ。

でも、あとから気がついた。

お金持ちって、「心が優しい」ということに。

僕は、いまだに、この中学高校の6年間に出会った友だちたちよりも「心優しい集団」に出会ったことがない。

つまり、**お金がある人たちって、心も豊か**なのだ。

逆に、お金がない貧乏人の多くは、心も貧しい。

そして、わかった。

そうか、「貧しい」っていうのは、**お金がないことを言うのではなくて、「心が貧しい」ということ**なんだ！

「人って、お金があれば、心も豊かになって、こんなに人にも他人に優しくできるんだ」と……。

そんな「真理」を、高校時代の友だちたちから学んだのだった。

そして、のちには、もう1つ、「残酷な真実」も学んだ。

そのときは、お金持ちだった彼らの家庭も、年月が経つと、当然、紆余曲折がある。

お金持ちという環境が、一生続くという保証なんて、実はどこにもないのだ。

高校時代から50年が経つが、親の会社が倒産した友だちもいたし、一家離散になった友だちもいた。

これもまた、世の中の「不都合な真実」だったのだ。

僕が、つい他人に優しくしてしまうのは、この中学高校時代に「とても優しい心を持った人たちに囲まれて過ごしたこと」と「その優しい人たちのその後の辛い未来を見てきた」という2つの経験が影響しているのかもしれないと思っている。

IQなんて関係ない!

僕が「少年時代はIQが160で神童と呼ばれたけれど、中学高校で勉強に挫折した」という話をすると、こんなことを言われることがある。

「IQが160あっても、意外と役に立たないんですね」

そう言われた時は、僕はこう即答している。

「その通り! IQ160なんて、実社会ではなんの役にも立たない。IQなんて、どんなに良くったって、意味ないんだよ」

よく「地頭が良い」と言われる人がいる。僕は、IQなんかより、そっちのほうがずっと役に立つと思っている。

そして、自分でいうのもなんだが、僕は、地頭は良いほうだと思っている。

人と会話している時に、「この人はどうして、そんなこともわからないんだろう？」って思うことが多い。

つまり、ほかの人があまり気がつかないところに気づくことができるのだ。

僕は、ＩＱが人より少し高いことより、この地頭の良さのほうが、よほど、自分の人生の強みになっていると思っている。


さて。

僕のことを天才少年だと思っていた母にとっては、僕の転落ぶりは大きなショックだったことと思う。

前述のように、兄弟のなかで、自分が産んだ唯一の子だったので、厳しくしつけていたし、勉強もさせて、当然、僕には「エリートの道」を進んでもらいたかったに違いない。

母は、小さい頃から、父親が事業に失敗したりして極貧の生活を経験していて、苦労をしていた。

だから、人一倍、「商売はダメだ！　安定しているサラリーマンが一番いい！」という考えが強かった。

まあ、時代的にも、僕の世代というのは、少しでもいい大学に入って、少しでもいい会社、とくに大企業に入ればそれで安泰という考え方が主流の時代だった。

とくに僕は名古屋の出身なので、小さい頃は「大人になったらトヨタに入れ」って、しょっちゅう言われていたものだ。

ちなみに、父のほうは、母があまりにも教育熱心だったせいか、わりと放任主義だった。

いや、放任主義というよりは、仕事が大好きで、そもそも、子どもが起きている時間にはぜんぜん帰ってこないし、あまり家庭を顧みない人だったというのが正しいかもしれない。

まあ、そんなわけで、わざわざ小学校の先生が「この子は天才です」とまで言いにきた息子の大転落に、母は、がっかりしたことと思う。

なんとか、世間様に誇れる恥ずかしくない人間に育てようと躍起になっていた母に対して、高校時代はずいぶんと親不孝をしてしまったと思っている。

成績が落ちて、悪い遊びも覚え、小説を書いてもまったく認められず、**「自分は、いったい、何をすればいいんだろう？」**と、悶々とした日々を送っていたのがこの頃の僕だったのだ。

そんな僕に、「自分の小ささ」を認識させてくれた経験が、高校生の時に国際交流の組織に所属していたことから行くことができた、アメリカでの40日間のホームステイだった。

世界の広さを知って、少し、ものを見る目が変わったのだ。

小説がダメなら、もっと何か、ほかのことで、「自分が生きた証を残せないか？」と考えるようになったのだった。

演劇の世界を目指す

高校時代、悪さもいろいろと覚えつつ、ずっと小説家の夢を追いかけて小説を書いていた僕。

しかし、この「小説を書く」という孤独な作業を続けるうちに、「どうも、自分はこの孤独には耐えられないのではないか？」と思い始めていた。

自分は、どちらかというと、外に出ていって、人とかかわるのが好きなタイプ。

そうすると、「あれ？　小説家じゃないのかな？」と思うようになっていったのだ。

では、何なのか？

この「目立ちたがり屋」で、「自分が生きた証を残したい」と思っている自分は、どんな世界を目指すべきなのか？

そこで、浮上したのが演劇の世界だった。

唐突に聞こえるかもしれないが、僕が通った、東海中学、東海高校というのは、東海地方では一番偏差値が高い学校だったのだが、実は、演劇も全国的に有名だったのだ。

そこで、高校3年生の時に、自分が主演し、クラスのみんなと全校のクラス別演劇発表会の舞台に立ってみた。

すると……。

東海高校演劇大会での１枚。主演の僕が刺された瞬間。

あろうことか、全校のなかで優勝してしまったのだ。

この体験。僕にとっては、**「やっぱり自分は演劇だ！」**と思わせるには十分な出来事だった。

と、その演劇で優勝して1週間くらい経った頃のこと。

衝撃的な事件が起こった。

同じクラスの1人が、焼身自殺を遂げたのだ。

そいつは、僕と同じく気合の入った文学青年で、悩んだ末に山に登り、そこで頭からガソリンをかぶって自らに火を点けたという。

子どもの頃から、「人はなぜ生きるのか？」なんて悩んできた僕にとって、それは、とてつもなく衝撃的な出来事だった。

ただ、その彼の自殺によって、クラスのみんなの絆が深まったのも事実で、僕は余計に演劇にのめり込んでいったのだ。

「よし、大学に入ったら、演劇部に行こう!」


そう決めて、早稲田大学を受験するも失敗。

翌年、もう浪人はできないという、背水の陣で再び早稲田を受けたが、大隈重信公は、僕に微笑んではくれなかった。

しかし、同時に受験していた同志社大学になんとか合格することができて、僕は大学生になることができたのだった。


この頃。僕が大学生になった当時というのは、学生運動の末期だった。

僕は、この「学生運動」というヤツが大っ嫌い。

なのに、当時の大学の演劇サークルには、この学生運動の「色」がついてしまっていたのだ。

僕にしたら、純粋に演劇がやりたいのに、「なんだよ、ふざけんなよ! 冗談じゃねえよ」という気分。

「これじゃや、演劇サークルになんて入ってもしょうがないや」と思い、京都だったので、太《うず》秦《まさ》の映画村でエキストラのアルバイトをしたりしていた。

そのうち、当然のように、大学にはほとんど行かなくなっていった。

かつて、「早稲田を中退して小説家になる」という夢を持っていた僕だったが、これは、もう大学を中退して本気で演劇の道へ進もうか……と、そんなことを本気で考えていた。

しかし、そんなダラダラした大学生活は、ある日、肩をポンポンと叩かれて、振り向いた瞬間から、ガラリと変わってしまったのだった。

ようこそ、応援団へ

その「運命の日」。

僕は久しぶりに大学に出て英語の授業を受けていた。

しかし、あまりの講義のつまらなさに、途中で教室からエスケープすることにした。

今にして思えば、これが「運命の分かれ道」だった……。

教室から出たところで、ポンポンと肩を叩かれて振り向いた。

そこには、学ランを着た兄ちゃん……いや、先輩が２人立っていたのだ。

その姿、雰囲気、どこからどう見ても応援団。

一瞬にして、「やばい！　これは勧誘される！」と思った。

そして、「応援団になんか入ったら、とんでもないことになる」と。

どうにかして、この場から逃げなくては。

と、そんなことが頭を駆けめぐるなか、先輩の1人が聞いてきた。


「おい、お前、何回生や？」


ここで、正直に一回生と言ったら間違いなく勧誘される。

「俺、二回生だけど」と、とっさにウソをついた。

しかし、そんなウソが通じるはずもなかった。

「ごるぁ！　お前、これ一回生の教室やろが！」

こっちにしたら、「知っているなら、聞くなよ」だ。

「お前、俺にウソついたな。男のくせにウソつくって、どういうことなんや！」

「……じゃあ、どうしたらいいんですか？」

「お前が1回ウソついたんだから、それを許すためには、俺らの言うことを1回守ればいい」

滅茶苦茶だなぁと思いつつ、「何をやったらいいんですか？」と聞く僕。

すると、先輩、急に優しい声になって「そう心配すんな。今日、一緒に飲みに行こう」と、そんなことをおっしゃる。

そんなの、どう考えたって勧誘の手口に決まっている。

とは言え、もし誘われても、断固として断ればいいか、と考えて、僕は先輩2人の言われるままに、賀茂川の横にある居酒屋かなにかに連れていかれたのだった。

それが間違いだった。

わーっと、ビールを一気に10本以上も飲まされて、もう、僕はすぐにベロンベロンになった。そんな状態で、「応援団はいいぞ！ 入らんか？ 入らんか？」ってしつこく言ってくる先輩2人。

こっちは、「嫌です、嫌です」とずっと断っていたのだが、しまいには、先輩の1人がカバンのなかから紙を取り出して、もう1人がポケットからカッターナイフを出してきた。そして、「おい、ちょっと指、貸せ」って。

で、僕は、指をブシュッと切られて、血が出てきたところに、その紙をグッと押し付けられた……。

そう、**強引に入団契約書に血判を取られてしまった**のだ！

とは言え、もう、その時には、僕は完全に酔っぱらっていて、その血判の記憶もおぼろげだった。

ふと気がついたときには、もう朝で、僕は、自分の下宿の部屋のなかで、ゲロにまみれで眠っていた。

見ると、すぐ横に昨日の先輩たちも眠っている。

「先輩、先輩」って、先輩の身体を揺り動かす僕。

目覚めた先輩は、ムクッと体を起こし、僕の顔を見ると、にたぁ～っと笑って、こう言ったのだった。

「ようこそ、応援団へ」

そこが地獄の1丁目だった。

第３章

岩井の原点、「嗚呼、花の応援団」

はっきりと断言できる。

僕、岩井の原点になっているのは、大学時代の応援団での日々だった。

僕が入団した当時の応援団は、一回生にとっては、まさに地獄。

しかし、その日々が、今の「岩井」を作ってくれたのだ。

第３章では、そんな応援団での日々と、同時期に、僕に「人生」を教えてくれた「少しヤバいアルバイト」について、活字にできるギリギリまでお伝えしたいと思う。

漫画を超えた世界

応援団の世界を描いた物語と言えば、どおくまん原作の漫画、『嗚呼!! 花の応援団』が有名だ。

若い方は知らないかもしれないが、架空の大学の応援団を舞台に、下ネタ、暴力描写満載のハチャメチャなギャグ漫画で、映画化までされたヒット作だった。

主人公の青田赤道《あおたあかみち》が発する「クェックエッ」「ちょんわちょんわ」などの意味不明な言葉は流行語にもなった。

この漫画には、それはそれは理不尽な応援団のタテ社会が描かれている。

しかし、ここであえて言おう。

かつての本物の応援団の世界は、漫画をはるかに超えていたと!

「応援団て、試合を応援していないとき、普段はどんな活動をしているの?」

そう思った方のために、僕が入団した当時の「応援団員一回生」の平均的な1日のスケジュールを紹介しよう。

○9時〜12時　新入団員の勧誘活動
○12時〜13時　ランチタイム集合（点呼のあと、校舎の屋上へ駆けあがり、応援歌・演舞の練習）
○14時〜20時　本格的な練習（筋力トレーニング、応援歌・演舞の練習……という名のシゴキ）
○20時〜深夜　団室の清掃。ＯＢ諸兄への連絡文書の宛名書き（すべて毛筆）
○深夜　銭湯も閉まった時間のため、濡れタオルで身体を拭いてから、泥のように爆睡

このように、大学生でありながら、講義に出ている時間なんて一切ない。

そして、先輩の言うことには絶対服従だ。

タバスコを飲めと言われれば、「押忍！　いただきます！」と言って飲み干さなければならない。いや、冗談ではない。本当の話だ。（当時はもう滅茶苦茶だったのだ）

ほとんど無意識の状態で、無理やりに押させられた「血判」によって引きずり込まれた、そんな応援団の世界。

死ぬほどの練習に、正直、毎日辞めたいと思っていた。

よく、体育会の連中から「俺たちだって死ぬほど練習しているぜ」などと言われたが、そ

んなやつらにはこう言っていた。

「お前らの練習には、試合に勝つとか、記録を伸ばすとか、目標があるだろ！」

そう。

応援団の練習には、明確な目標がない。

なんのために、腕立て伏せを1000回やるのか？　なんのために、腹筋を1000回やるのか？　なんのために、うさぎ跳びを1000回やるのか？

先輩に聞くと、こう答えてくれる。

「男を磨くためやんけ！」

もう、わけがわからんのだった。


僕と同様に無理やり入団させられた一回生たちの唯一の希望。

それは、「宿敵、立命館大学との春の戦いが終わるまでいれば、すんなり退団させてやる」という先輩の言葉だった。

僕を含め、まだ人を疑うことを知らない十数人の一回生たちは、その言葉だけを生きる希望に、「同立戦（同志社VS立命館）」までの2か月間を耐えていたのだ。

永遠のように長かった「同立戦」までの2か月間。

それがやっと終わり、ついに、その日がやってきた、
退団するか、このまま応援団に残るか、その意思表明をする日が！

しかし、僕はここでも、つい、やらかしてしまったのだった。

あんなに辞めたかったくせに

「同立戦」が終わり、退団するか、このまま応援団に残るか、その意思表明をするために、
一回生たち十数人は、学生会館内の喫茶店に集められた。

ズラリと並んで座る一回生たち。

その前には、団長と次年度団長候補の２人。

「右端の者から順に、今の正直な気持ちを述べよ！」

先輩の声に、一回生は順番に意思表明をしていく。


「押忍！　自分は勉学に励みたいので、退団させてくださいっ！」

「押忍！　自分は持病のヘルニアが完治しませんので、退団させてくださいっ！」

「押忍！　自分は……」

3人目、4人目、5人目……、順番に聞いていくが、理由は違えど、結論は誰もみな同じ。

最後は、「退団させてくださいっ！」だ。

運悪く、一番左端にいた僕。

「もうすぐ、俺の番や。どんな理由にしたらいいんや……」と、まるで、処刑を待つ罪人のごとき心持ちで順番を待っていた。


「最後、岩井！」


いよいよ、自分の番だ。

今までの全員が退団を表明している。

と、そのとき。

僕は、ふと団長の顔を見てしまったのだ。

団長は目をとじ、静かに黙想している。

その横顔が、やけに寂しそうに見えた。

瞬時に、この2か月間の苦しかった練習や、応援が走馬灯のように頭のなかを駆けめぐった。

立命館に勝った日の夜。無礼講の打ち上げで、団員全員が肩を組んで泣きながら応援団の「愛唱歌」を歌ったあのとき。

99パーセントの辛い思い出のなかの、たった1パーセントの達成感。

それまで、軟弱に生きてきた自分。

小学生の頃、いつも頭にあった「人はなんのために生まれてきたのか？　なんのために生きるのか？」という疑問。

そんなことが、頭のなかで、ごちゃ混ぜになり、次の瞬間、僕は、あんなに辞めたかったくせに、つい、こう口走っていた。


「押忍！　自分は続けさせていただきます！」


そう言った瞬間、その場にいた全員の目が自分に注がれた。

僕は、なぜか、とめどなく涙があふれてきたのだった。


それからしばらくの間は、たった1人の一回生として過ごした。

その間の先輩たちの優しかったことと言ったら！

ご飯はご馳走してくれるわ、練習は甘くなるわ……。


「しばらくの間」と言ったのにはわけがある。

結局、喫茶店で退団を表明した同期たちは、1人、また1人と連れ戻されてきたからだ。うーむ、なんのための意思表明だったのか。

いっとき、ウソのように優しくしてくれた先輩たち。

しかし、幸せな日々というものは、長続きしないのが世の中の常だ。

身の毛もよだつ「地獄の夏合宿」は、もう、すぐそこに迫っていたのだった。

地獄を超えた「夏合宿」

応援団に入ってからの2か月間。

「これは地獄だ」と思っていたが、世の中には「上には上」があるものだ。

我々、一回生を待っていた「夏合宿」の1週間は、「地獄を超えた地獄」だった。

朝、7時に起床し、散歩（という名のマラソン）に始まり、8時には「詩吟」、午前中の「朝練」、午後の「昼練」、夜の「夜錬」、深夜の「夜襲」まで、1日中練習地獄。食べて寝ている時間以外、すべてが練習なのだ。

このなかでも、とくに辛かったのが「詩吟」の時間。

「詩吟」て、もちろん、正座・黙想して唄う、あの詩吟のことだ。

なぜ、応援団が詩吟をやるのか？

理由の1つは精神修養だ。

なにしろ、この詩吟の最中は、1時間近く正座をしなくてはならない。

もう10分もすれば足はジーンとしびれてくる。あとは、ひたすら地獄。身体をゆらそうものなら、先輩たちの愛の竹刀が飛ぶ。

そして、詩吟をやるもう1つの理由。

それは、先輩たちの「お遊び」だったのだと思う。

詩吟の最中、なぜか先輩たちは、わけのわからない質問をしてくるのだ。

「岩井！　上杉謙信とけんちん汁の関係を述べよ！」

「岩井！　ワシの初恋の子の名前は？」

しらんがな、そんなもん！

こうした質問に、ウイットに富んだ回答をしないとボコボコにされる。

僕がのちにテレビに出てアドリブが効いた受け答えをできたものこのおかげか？

とにかく、この詩吟の時間は、先輩たちの悪ふざけがエスカレートして、クワガタムシに鼻を挟まれたり、帯でグルグル巻きにされたりと、ひどい時間だった。

ほどなく、一回生たちの間では「死吟の時間」と呼ばれるようになったほどだ。

詩吟のほかに、練習のなかで、とくにきつかったものに、「基本」と呼ばれる練習があった。

詩吟。幹部に生きたクワガタムシを鼻につけられた。

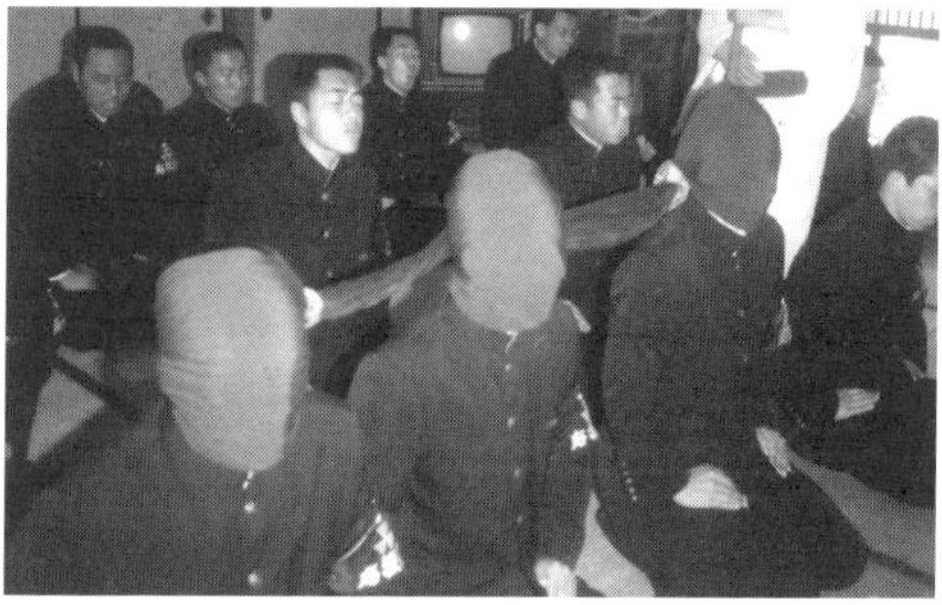
同じく詩吟。幹部の帯でぐるぐる巻きに。左が僕（のはず）。

たとえば「基本1の1」。

これは、湖に向かって一列に並んだ一回生が、まっすぐに立った状態で両手を地面に向けて平行に広げる。そして、「いーち、にぃー」という掛け声とともに、手の平を握ったり閉じたりするというもの。

えっ？　それだけ？　と思った方は、ぜひ、10分でいいから実際にやってみて欲しい。できた人がいたら、僕は1000万円を投資してもよいくらいだ。

これ、すぐに手がブルブルと震えてきて耐えられなくなる。

しかも、手が下がってくると、先輩からの竹刀がお見舞いされる。

そんなものを30分もやっていると、なぜか涙がボロボロ出てくる。

これ、もう全員がそうで、18歳19歳の大の男たちが「いーち、にぃー」と言いながら号泣しているという、そんな地獄絵が展開される。

合宿の後半には、団長直々による「団長練習」というものもあった。

これ、なんと、延々とエンドレスで応援歌を歌いながらの応援練習。

同じ応援歌を繰り返して、休みなく続けるのだ。

１００番を超えたあたりから気が遠くなり、もはや竹刀の痛みも感じなくなる。

約3時間後、団長が両手でバツを描いて、ようやく終了。

その瞬間、僕は意識を失った。

合宿では、ほかにも20キロ超えのマラソンなど、いろいろあったが、このへんでやめておこう。

地獄を超えた1週間の「夏合宿」。しかし、これももう今となってはよい思い出だ。この夏合宿から生きて帰ってから、すごく自信がついた。

「これから何年生きるかわからないけれど、たぶん、社会

一回生時の夏合宿の１枚。左から２番目が僕。

に出てからこれ以上に辛いことはないかもしれない」

本気でそう思えた。

たしかに、地獄の練習は男を磨いてくれたのだ。

僕が今、**どんな時でも踏ん張れるのは、この合宿に耐えた自信があるから**なのだ。

なぜか、「お水の世界」へ

応援団と言えども、貧乏学生であることに変わりはない。

僕は、応援団の活動に少し慣れた頃には、夜はほぼ毎日、夕方から深夜まで居酒屋でのアルバイトに精を出していた。

最初はお客の注文取りからスタートし、やがて焼き物を任せてもらい、その店で、チーフにまでなっていたのだ。

そんな僕のもとに、ある日、某二回生から電話があった。

「岩井、お前、ちょっと今日、ヒマか？　すまんが今夜、俺の代わりに1日だけ皿洗いに行ってくれへんかのぉ」

「押忍。わかりました」

二回生からの頼みを断ることはできない。一回生に「NO」は許されないのだ。先輩からの電話で僕が向かったのは、祇園にある超高級クラブだった。

当時、まだ20歳だった自分には、まさに「未知の世界」。

「あんた、水商売の経験あんのか？」とママ。

「居酒屋なら少し……」

「あほか。居酒屋は水商売とは言わんわ」

「はぁ……」

「まあ、ええわ。昨日、うちのチーフが飛んで（いなくなって）もうて、男の子が1人もおらんさかい、しっかり頼むわ」

んっ？　なんかへんだぞ……とは思ったが、深く考える間もなく、午後8時の開店と同時に、氷を割ったり、グラスを洗ったり、付き出しを作ったりと、なんでもかんでも僕に仕事がまわってきた。

ぎゃあああーっ！

な、なんで、今日だけのバイトの自分がこんなことまでせにゃならんの？

目が回るほど忙しく働くうち、気がつけば、深夜2時過ぎ（当時はまだ風営法がなかった）の閉店時間になっていた。

仕事を終えて、ママに「ありがとうございました。今日の日給をいただけますか？」と言うと、耳を疑うこんな言葉が。

「なに言うてんねん、あんた、今日からずっとここで働くんやで」

ようやくわかった。そう。僕は、まんまと先輩に騙されたのだった。

そのクラブは、年の頃なら30半ばの超美人ママと、女の子が10人くらいの小規模な店だった。多くのお客は、この美人ママが目当てだったたと思う。

僕は、そこで唯一の男性店員になった。チーフと言えば聞こえはいいが、雑用のほかに、ママから「よしあきちゃん、ちょっとおいで」と、お客がいる席に呼ばれては、ママや女の子の代わりにお酒をしこたま飲まされて、お店の売上に貢献していた。

ママが、いわゆる「アフター」の時は、僕が用心棒として駆り出された。ママにはちゃんと彼氏がいて、お客と2人きりになるのを嫌っていたからだ。

おかげで僕は朝まで付き合わされることも多く、徹夜明けで大学へ行くこともしばしばとなった。

僕はどんどん「お水の世界」へとのめり込み、二回生になってもこの店で働いていた。高級クラブだけあって給料は高く、記憶では、月に50万円くらいはもらっていたと思う。

三回生になる頃には、後輩を店に呼んで飲ませることもあった。

3人も呼べば、つまみをあっという間に平らげて、ボトル2本は空けていく。

ママから「今月は給料がないどころか、後輩の飲み代が上回っちゃって、7万円くらい払ってもらわなきゃいけないのよぉ」なんて言われたこともある。

この「お水の世界」で、僕は、いろいろな人生を垣間見た。毎日のように通っていた社長さんが猟銃自殺をしたと聞いて驚いたり、立派なスーツを着た紳士たちより、裸で勝負する女の子たちのほうが、よほど頑張っていると知ったり。

この**「お水の世界」体験は、図らずも僕に「人生」を教えてくれた**のだった。

団長になりたい！

祇園にある超高級クラブでの僕の働きっぷりが、お水の業界で有名になった……のかどうかは知らないが、僕はいわゆる「引き抜き」にあった。

当時の僕は、「もうなんでも経験してやろう」と思っていたので、流れるままに、キャバレーのボーイやピンクサロンの呼び込み、店内DJ、果てはストリップ劇場の布団敷き（舞台掃除）やソープランドのボイラー焚きまで経験した。

街角で、ピンサロのビラ配りをしている時に、大学のゼミの教授にビラを渡してしまって、レポート用紙30枚の宿題を出されたこともあった。

大学時代、どっぷりと「お水の世界」で社会勉強をさせてもらった僕。

この話も尽きないが、ここで、話を応援団に戻そう。

姉妹校・立教大学応援団同期２人と。中央が僕。

一回生の地獄の夏合宿も終わり、二回生となる頃には、僕は「いつかは、応援団の団長になりたい」と思うようになっていた。

僕は、応援団に入って初めて「組織」のなんたるかを学んだ。

一見、無茶苦茶な厳しさのなかから学ぶことはたしかにある。

しかし、いっぽう、応援する運動部が試合に負けただけで、連帯責任として先輩たちから喝を入れられるという旧態依然としたあり方などに不満があった。

そして、「自分たちの代が幹部になったら、絶対にこの応援団を変えてやる！」と思っていた。

そのためには、「自分が団長にならなくては！」と、そう考えていたのだった。

そして、三回生の秋。

立命館との通称「同立戦」も無事に終わり、いよいよ、幹部交代式の日が近づいてきた。

しかし、「団長になりたい」という考えとは裏腹に、僕は「たぶん、自分は団長に指名されることはない」と思っていた。

なぜなら、僕は先輩に対して、「どうして、根性なしのクソ○○部が試合に負けて、ワシたちがどつかれなあかんのですか？」と口ごたえしたこともあるという、いわば「危険分子」だったからだ。

そんなヤツが団長に指名されるわけはないと、半分はあきらめていた。

そして、内心、「もし、自分をくだらない役職に指名してきたら、その場で応援団を辞めてやる」と思っていたのだった。

そんなある日のこと。もうすぐ、その座をゆずる団長が、練習中の僕に声をかけてきた。

「岩井、ちょっと顔貸せや」

「押忍！」

黙々と前を歩く団長。そのあとをついて行く僕。危険分子の自分に喝を入れるつもりなのか？　どうも、京都御所のほうへ向かっていくようだ。

と、突然、立ち止まった団長。

「上着、脱げや」

なっ、なんや？　サシで勝負か？

しかし、続けて団長は、こう言ったのだ。

「今から、お前にカレソン（カレッジ・ソング）を教えたる」

それって？　それは、つまり……。次の団長は……自分！？

「私でいいんですか？」

驚いて聞く僕に、団長は、こう言ったのだ。

「お前しか、おらへんやろ」

胸が締めつけられた。

見てくれていた！　わかってくれていたんだ！

そして、期待してくれている！

同志社・立教定期戦。立教応援団幹部と。後列中央が僕。

強制的に応援団に入団させられてから2年半。

この団長との会話の1週間後の幹部交代式において、とうとう僕は、第74代応援団団長になることができたのだった。

突然の大事件

それは、僕が団長になって約半年後の、とある春の日のことだった。

心地の良い陽気に、下宿で転寝《うたたね》をしていた僕のもとに、学生課から電話が入った。

階下の共同電話に出ると、「とにかく、すぐに大学の学生課に来い！」と言う。

その口調は、なにか、のっぴきならない響きだ。

妙な胸騒ぎがした。

すぐに学ランに着替えると、僕は小走りに学生課へ向かった。

待ち構えていた学生課の課長は、僕を保健室に連れて行った。

保健室のドアを開けると、ベッドに1人の男が横たわっている。

それは、まだ入団して間もない一回生の田村（仮名）だった。

「お前、どないしたんや！？」

見れば、田村の背中には無数のミミズ腫れがある。

「リンチや」

学生課課長の言葉に、耳を疑う僕。

「えっ？」

「集団リンチや」

「誰にやられたんですか？」

「お前のところの二回生や」

「そんなバカなっ！」

「本人がそう言うてるんや」

「おい、田村っ！　ほんまに二回生にやられたんかっ！？」

田村は答えない。

「どないやねん！」

「……そうです」

そんなバカな！　僕は、団長になってからというもの、団員たちに「暴力はあかん」と言い続けていた。

いや、そんなことはどうでもいい。こんなことが外に漏れたら応援団は一巻の終わりだ。

僕は、全速力で団室に向かった。

思い切りドアを開けると、なかでは、４人の二回生たちが肩を震わせて泣いていた。

「泣いとってもわからんやろうがぁ！　お前ら、何さらしたんじゃ！　はっきり説明せんかい！」

「押忍……」

「ほんまにお前ら、集団でリンチしたんか！？」

「やってません……」

「やってない？　ほんなら、なんでお前ら、泣いとんのじゃ？」

二回生の１人が、僕に新聞を差し出した。

それは、京都新聞の夕刊だった。


『同大応援団で集団リンチ』


どでかい見出し文字が目に飛び込んできた。

二回生が泣きながら説明してきた。

その説明によると、たしかに昨日の夜、演舞の覚えが悪い田村に対して長い時間練習をさせた。しかし、いっさい手は出していないという。

「なら、なんであいつの背中にミミズ腫れがあるんやっ!?」

「たぶん練習が終わってから、自分で竹刀で叩いたんだと思います。あいつ、その足で自分から京都新聞に駆け込んだんです」

「何?　自分で?」

「そうです。全部、あいつの狂言です」

とんでもないことになった。事実はどうあれ新聞ざたになってしまったのだ。

「いばらの道」が始まろうとしていた。

涙の決断

二回生たちの話を聞いた僕は、団内の混乱を他の幹部に任せて、学生課に飛んで戻った。

とにかく、真相を説明しなければ……。

学生課の課長に事の成り行きを伝える。

この課長は、もともと応援団に好意的な方で、僕の言葉を信じて、事情をおおむね理解してくれた。

しかし、その課長から言われた次の言葉は、僕を奈落の底に突き落とした。

「岩井、運が悪かったな。お前ら応援団がリンチをしなかったことは個人的には信じられる。しかし、新聞に出てしまったんやぞ。**世間の人は皆、同志社大学の応援団は暴力組織だと認識しちまった**。今から新聞社に抗議したところで、訂正の記事は載らんやろ。明日の朝刊では、全国紙が、こぞって記事にしよるはずや」

「そんな……」

残念なことに、この課長の言葉の通りだった。

翌日の朝には、この「でっちあげ事件」は、全国紙で大々的に報道されてしまったのだ。

事件が全国紙に載った日の午後。

応援団では、臨時緊急集会が開催された。

応援団のリーダー部、吹奏楽部、チアリーダー部の一回生から四回生までの全員が集まり、団長である僕の進行で、本音の意見交換が行なわれたのだ。

当然のように、吹奏楽部からは怒りの声があがった。

「なぜ、私たちはいつもリーダー部の尻ぬぐいをしなければならないんですか！」と、吹奏楽部の三回生が声を荒げる。

「ワシたちは、何もしとらん言うてるやろ！」と応援団の幹部。

「でも、結果としては同じじゃないですか！」

それは、もう、感情的な水掛け論だった。

と、そのとき、副団長兼吹奏楽部長が、ふいに立ち上がると後輩を一喝したのだ。

「俺は、こんな自分勝手で利己主義の後輩を持って情けないわ。ワシたちだって、同志社大学応援団の一員やろ！　**同じ団の仲間が苦しんどる時に、身内同士でもめていてどないするんや！**」

この時の、彼のこの言葉は、一生忘れられない。

副団長兼吹奏楽部長の彼は、続けてこう言った。

「俺はお前ら下級生に猛省を促すぞ。**そんな身勝手な人間になるな！**　俺たち吹奏楽部の幹部は、本日をもって、不祥事の責任を取って全員が退団する！」

「待て、早まるな、頼むから冷静になってくれ」と僕。

しかし、彼は冷静だった。そして、僕にこう言ってきたのだ。

「岩井、お前が団長や。最後はお前の思うようにしたらええ」

これまで苦楽をともにしてきた応援団幹部の同期たちも、彼と同じ意見だった。同志社大学応援団の今後のすべてを、僕の判断にゆだねてくれたのだ。決断を任せられた僕。

「正義はいつか勝つ」

頭のなかで、何度もこの言葉を唱えながら、僕は全団員の前で宣言した。

「本日をもって、同志社大学応援団は解散する！」

こうして、「いばらの道」は始まったのだった。

再建への道

臨時総会のあと、応援団のリーダー部の面々は学生会館の屋上に集合した。

幹部のほか、三回生５人、二回生５人。僕は下級生に「これが最後の練習や。お前ら、一番振りたいリーダーを振れや」と告げた。

「押忍！　自分、カレソンを振ってもよろしいでしょうか？」

三回生の竹村だ。彼は、飛び抜けた体力と頭の良さで、三回生ではダントツの存在。順当に行けば、その年の秋には団長に指名されるはずだった男だ。

「おお、振れや！」

万感の思いでカレソンを振る竹村。しかし、涙で声にならない。

その後も、まだカレソンをよく知らない二回生までもが無茶苦茶な振りで、号泣しながらカレソンを振ったのだった。


その夜、われわれは河原町へと繰り出して、意識が無くなるまで酒を飲んだ。

夜の賀茂川に向かって、校歌や応援歌を叫びまくった。

ひとしきり泣いたあと、僕は他の四回生に言った。

「今日で終わりと違うでぇ。今日からが本当の始まりや。ワシらが間違っていなかったことを、これから証明していくんや。恐らく、いばらの道やと思う。四回生は就職活動もあるやろ。みんな遠慮せんと、明日からは就職活動してくれ」

「してくれって、岩井はどうするんや？」

「**俺は大学に残る。**どっちみち、こんなことがなくっても留年は目に見えてるしな。応援団が再建できる日まで、下のやつらと一緒に頑張るわ」

いつか、必ず応援団を再建する。

僕はその時、胸に誓っていた。

「それができなければ、俺は社会に出てもずっと半端もんや」

そう思えてならなかったのだ。


この日、応援団は解散となり、僕以外の３人の幹部は就職活動に入った。

下級生も事件をきっかけにして半分以上が去った。

僕は、残った下級生７人と、こっそり、京都御所の森のなかで練習を続けた。

たとえ、どんな状況になっても、応援歌と拍子物だけは後輩に受け継がなければならない。

応援団の伝統を絶えさせてはならないのだ。

本来は、幹部にしか受け継がないカレソンや大学歌も三回生に覚えさせた。

ここで記しておきたい。実は、この新聞報道には後日談がある。

応援団解散後の同立戦を伝える記事と合わせ、京都新聞に『号泣。幻の応援団長』と題する記事が掲載されたのだ。

これは、一学生として試合を応援し、同志社の勝利に泣き崩れる僕の様子を書いてくれたという、およそ新聞記事らしからぬ記事。しかも、記事中には、「理由を問わず事件は我々の責任。当事者だけでなく、団全員の不祥事と受け止め、再建を果たします」という僕のコメントまで載っているのだ。

なぜ、こんな記事を京都新聞が掲載したのか？　それにはこんな経緯があった。

僕がずっと働いていた祇園の高級クラブ。そのクラブの常連に、実に綺麗な飲み方をする紳士がいたのだが、この人がなんと京都新聞のスポーツ部の部長さん。

事件について、自分の社の記事で知ったこの部長さんから電話があったのは、記事が載ったその日のことだった。

「おい、チーフ（クラブでの僕の呼び名）。お前んとこの応援団、えらいことになったなぁ」

「いえ、それが違うんですよ」

僕は事の真相を話した。スポーツ部の部長という立場上、詫びることはなかったが、僕の話を聞き終わると、部長さんはこう言ってくれたのだ。

「私にできることなんて、たいしたことじゃないと思うが、近いうちに私なりの詫びを入れるよ」

その記事が、たぶん、部長さんの言う「詫び」だったのだろう。

実際、この記事の効果は絶大だった。翌日から、僕は街角で知らない人から、「**再建、頑張れよ！**」と声をかけられるようになったのだ。

「幻の応援団長」は、京都市内で一躍有名人になったのだった。

応援団よ、永遠なれ！

応援団の解散後、誰からも認められることのない僕たちの集まりは、大学のスクールカラーから『紫紺会《しこんかい》』と名乗った。

先が見えない、手探りの活動。

応援歌を覚え、応援の練習をしても、それを披露する場は与えられない。

出口の見えないトンネルのなかを進むような毎日だった。


夏が過ぎ、秋が過ぎ、やがて冬になっても、出口は見えない。

そして、ふたたび、事件があった春がきた。

やがて、『紫紺会』として2度目の夏。

さらに、気がつけば、事件から丸2年の春になった。

まさに、空白の2年間。


そこでようやく、応援団は大学から部分的な活動を認められた。

暴力の禁止。学ラン着用の禁止。リーダー部は、部から降格して任意団体に。

そんな制限はあったが、とにかく、応援団は再建への道を歩み始めたのだ。

それに伴い、『紫紺会』は、その役割を終え、解散となった。


そんなわけで、**僕の大学人生の後半は、「禊《みそぎ》の時間」だった**。

結局、大学にいた期間は、5年と3か月。

六回生の6月に、僕は踏ん切りをつけて大学を中退した。

最後の3年間は講義にもぜんぜん出ていないし、単位なんてまったく取れていなかったので、当然の結果だ。

「早稲田の一文に入って、ワザと中退する」ことを夢見ていた自分だったが、図らずも「大学を中退する」という夢だけは叶ったわけだ。


1906年に結成され、すでに110年を超える歴史を持つ同志社大学応援団は、もちろん今も健在だ。

あの忌まわしい事件があったのは、1982年のことである。

その後、1992年まで、実に10年間も団長が指導部から選出されることはなかった。学ラン着用が復活したのも1994年になって、ようやくのことだ。

応援団にとっては暗黒の10年。

僕は、まさにその黒歴史の当事者となってしまったわけだ。

最初は、無理やりに取られた血判によって入団した応援団。

しかし、そこで過ごした年月は、まぎれもなく「岩井の原点」となった。

僕は、このあとの人生で、死にたいと思う経験もした。

人生をリセットしたいと思ったこともあった。

しかし、そんな思いをするたびに思い出し、自分を支えてくれるのが、この応援団での経験なのだ。

今の辛さは、応援団での、あの肉体的、精神的な辛さに匹敵するか？

応援団での経験に比べれば、こんなこと絶対に乗り越えられる！

いつも、そう思って、僕はピンチを乗り越えてきた。

応援団での日々が、僕の支えであり、誇りだ。

世の中に出たら、要領よく上手に世渡りすることも必要かもしれない。

しかし、**他人の痛みを理解し、ガムシャラに物事に打ち込む**。

そんな、貴重な時間を、僕は応援団で経験できた。

心の底から、「自分は、同志社大学の応援団の出身です！」と胸を張って言うことができるのだ。

もし、人から「岩井さんは、どうして、そんなに頑張れるんですか？」と聞かれたら、僕は迷わずにこう答える。

「いやぁ、私、学生時代に応援団だったんですわ」

応援団よ永遠なれ！

押忍！

第４章

ゆきゆきて、
リクルート社

大学を中退して実家に戻った僕を待っていたのは、「就職」という現実だった。

応援団と「お水の世界」のアルバイトで、およそ大学生らしくない大学時代を過ごした僕が、いよいよ、「一般社会」に出てみると……。

第４章では、普通の仕事では満足できない自分と、そんな自分を受け入れてくれた、リクルート社での日々についてお伝えしたいと思う。

人間のカス！

そんなわけで、僕は、5年と3か月かけて大学を中退し、実家に戻った。

応援団でどんなに熱い日々を送ろうが、「お水の世界」のバイトで月にいくら稼ごうが、親から見れば、単に、大学を卒業すらできずに戻ってきたバカ息子でしかない。

親父からはボコボコにされるし、母はがっかりし過ぎて、最初は半狂乱。そのあとは抜け殻のようにボーッとして、さめざめと泣いていた。

前の章でお話をしたように、自分の血を分けた、たった1人の息子がこんな体たらくになって、母は、それはそれは気落ちしたのだろう。まったく、とてつもない親不孝をしたと思う。

親父からはこう言われた。

「お前な、親子の縁も切るから、自分でとにかく飯を食え。なんでもいいから働け」

大学の中退とともに、僕はもう「お水の仕事」から足を洗っていたから、こう言われて、働き口を探すことになった。

思ったのは、「こんな、大学中退の自分を雇ってくれる企業なんてないだろうから、アルバイトで食っていくしかないか……」ということ。

そこで、僕は、実家の近くにあったアイスクリーム工場で夜勤のアルバイトを始めたのだ。

仕事は、至って単純だった。

ベルトコンベアに乗って流れてくるアイスクリームに透明のキャップをはめていくという、それだけの作業。

それを、夜の9時から朝の6時までやり続けるのだ。

その間、50分やると10分の休みが入る。

途中に1時間の食事タイムがあるだけで、あとは延々とその単純作業の繰り返し。

この、絵に描いたような「流れ作業」は、僕にとっては、気が狂いそうなほどの「つまらなさ」だった。

もし、こんな仕事が一生続くなら、死んだほうがマシ、と真剣に思った。

この、流れ作業の経験は、僕の「仕事に対する姿勢」の原点になったと思う。

「**こういう仕事は、絶対的に自分には合わない**」と、確信させてくれたのだ。

我慢は、たったの3日しかもたなかった。

4日目には、僕は無断欠勤をし、そのまま、2度と工場に顔を出すことはなかった。

当然、家に帰るわけにもいかず、夜になると、幼馴染みの家に転がり込んで、一緒に酒を飲んでは、「人生とはなんぞや」みたいな話をして毎日を過ごしていたのだ。

しかし、1か月後。給料が3日分しか振り込まれず、これは、親に正直に伝えるしかないと腹を決めた。

「ごめん、実は工場に3日しか行ってないんだ」

もう、聞いた親父の怒ったのなんの。

「てめえはもう、人間のカスだ！　死ね！」とまで言われた。

まあ、なんと言われてもおっしゃる通りなのだが……。

親父曰く。

「お前みたいな、大学中退者でも、もしかしたら採《と》ってくれる会社があるかもしれないから、とにかくアルバイトじゃなくて、就職活動でもしろ！」

なるほど、それもそうかな……と思った僕。

このとき、生まれて初めて「就職活動」というものをやってみることにした。

就職情報誌を見て、給料が良さそうなところを見つくろって、片っ端から面接に行ってみた。

そうしたら……。

とんでもない結果が、僕を待っていたのだ。

面接を受けてみたら

大学を、5年と3か月かけて中退し、アルバイトはたったの3日しかもたない。

親父から「人間のカス」とまで言われた自分。

そんな僕が、就職情報誌で見た、「給料の良さそうな会社」を片っ端から訪問して、面接を受けた結果、どうなったか……。

なんと、すべての会社から「内定」をもらうことができたのだ！

どこの会社の面接も、だいたい同じようなものだった。

部屋に面接官がやってくる。

僕の履歴書に、ざーっと目を通す。

何かに「んっ？」と気がついて僕に聞いてくる。

「えーと。君は、大学で応援団をやっていたのか？」

「はい。やってました」

「4年生の時は、なにをやっていた？」

「団長をやってました」

「採用！」

どこの会社も、面接が始まってから、10分もしないうちに、あっさりと「内定」を出してくれた。

「大学の応援団で団長をやっていた」というキャリアは、就職活動において、無類の強さだった。たぶん、現在でもそうかもしれないが、もう、無敵の武器を持っているようなものだったのだ。

企業の採用者にしてみれば、「あの厳しい大学の応援団のなかで、団長にまで上り詰めたヤツというのは、どんなに厳しいことでも耐えられるに違いない」というイメージがあるのだろう。（そして、そのイメージは間違いではない！）

そんなわけで、僕は、受ける会社、受ける会社、すべてから、面白いように内定をいただいたのだ。

内定をくれた会社のなかから、僕が就職を決めたのは、ある布団屋だった。

いわゆる布団の訪問販売。

当時の僕はまだ、「訪問販売」というものすら知らなくて、「どうして、布団屋の給料がこんなに高いんだろう」と思ったものだ。

記憶では、普通の大卒学生の初任給が13万円くらいだった時代に、その布団屋は、最初から「30万円だすよ」と。

「お前なら、たぶん、半年もすれば、月に50万くらいは取れるようになるぞ」なんて言われたのを覚えている。

調子がいいなぁとは思ったが、「まあいいや、俺は布団の営業マンになるんだな」と、なんとなく受け入れて、次の週の月曜日から、そこで働くことに決めたのだった。

それは、そんなタイミングの時のこと。

親父が、新聞を読んでいて、僕にこう言ったのだ。

「おい、良明。**リクルートっていう会社がアルバイトだけど募集しているぞ**。お前、1回行ってこないか？」

リクルート社の名前を聞くのは、初めてではなかった。

実は、応援団の先輩が1人、リクルート社に勤めていて、この先輩からの依頼で、アルバイトに行ったことがあったのだ。

その時に見た、リクルート社の社内の雰囲気はとても良かった。

社員たちが皆、元気で、なんだか大学の学園祭のようなノリを感じたのだ。

その時の好印象もあり、僕は親父に「じゃあ、受けに行くよ」と返事をした。

募集しているのはアルバイトだったし、来週の月曜日からは布団屋で働くことに決めていたので、どのみちリクルート社に入ることはないと思ったが、まあ、1回はのぞきに行ってもいいかなと。その程度の気持ちだった。


しかし、これが、運命の分かれ道だったのだ。

受付嬢からの提案

名古屋の駅裏のリクルート名古屋支社のビルに行ってみると、たかだかアルバイトの募集に300人くらいが集まっていた。

正直、なんだこれ？ って。

それで、適性検査「SPI」とかを、2時間くらいかけてやらされたのだが、これが、めっちゃ難しかった。適性部分も何百問もあって、「アルバイトなのに、こんなことまでやらされるの？」って思ったものだ。

まあ、とりあえずやり終えて提出し、僕は、帰り際に、受付の女の子に聞いてみた。

「すいません。今日、300人くらいはいると思うんですけど、このなかから何人くらい採るんですか？」

「これと同じことを、2週間に1回ずつやっているんですけど、毎回、ゼロか1人くらいですね」

「ゼロか1人！？」

300人受けて、ゼロか1人って……。

リクルートって、とんでもない会社だなと思った。

正直、「何をクソ生意気なことを言ってやがるんだこの野郎」って。

そして、内心、「これはとても受かるわけないや」と、あきらめたのだった。

ところが……。

たしか、その週の土曜日だったと思う。リクルート社から電話があったのだ。

「この間はありがとうございました。実は、岩井さん、一次試験に合格していただいています」

「えっ？　俺、受かったの？　あれに？」

「はい。合格されました」

「ちなみに、何人が受かったんですか？」

「今回は、岩井さんだけです」

「えーっ！　マジっ？」って思って。嬉しかったのだけれど、聞けば、次は二次試験として、来週の月曜日に面接があると。

冷静に考えてみれば、面接をクリアしても、結局はアルバイト採用だ。しかも、自分はもう、面接があるという月曜日には、布団屋への出勤が決まっている。

それで、僕は、電話の女性にこう伝えたのだ。

「実は僕、大学を中退してきて、こっちで就職活動をしています。おかげさまで就職先も決まって、給料もそこそこいい会社なんで、申し訳ないけれど、今回は辞退させていただきます」

僕の言葉に相手の女性、「えっ！」って驚いて、こう言ってきた。

「岩井さん、すごく残念です。ご存知のように、うちの会社は就職関係の仕事をしているので、岩井さんみたいな方がどんな会社を選ばれたのか、記録として残しておきたいので、さしつかえなければ、どこの会社に決められたのか教えていただけますか？」

僕は、隠すこともないかなと思って、正直に「○○真綿です」と伝えた。

すると、その社名を聞いた途端に、相手の女性が息を止めるのがわかったのだ。

突然、妙な胸騒ぎがした。もしかして、自分はおかしな会社に入ろうとしているのか？

僕は、相手の言葉を待った。すると……。

「すいません、岩井さん。私、先日、岩井さんに声をかけていただいた受付にいた者なんですけど、覚えておられますか？」

「覚えてるよ」

「あのとき、1回会っただけの私のことを、信じてくださいと言うのも、なんなんですけど、**1度だけ、私のことを信じてください**」

「？」

「その会社に今から電話をして、こう言ってください。『入社を1日ずらしてください』って」

「はあ？」

1度会っただけの受付嬢は、僕にとんでもない提案をしてきたのだった。

「ですから、『月曜日の入社を火曜日にずらしてください』って伝えてください。そして、月曜日に、うちの二次試験を受けに来てください！」

運命のジャンケン！

受付嬢から、突然のとんでもない提案。

「向こうがオーケーを出してくれたら行くよ」

僕は、そう言って電話を切った。

正直、月曜日入社の前の週の土曜日に「入社の日を1日ずらして欲しい」などという、ふざけたお願いが通るはずはないと思っていたこともあったと思う。

ところが、布団屋に電話して、「もし、よかったらでいいんですが、入社を1日延ばしてもらっていいですか？」と申し出ると、あっさりと、「あっ、かまへんで」と。

これで、余計に「あれっ？　なんか、いい加減な会社だぞ」と、ますます、胸騒ぎがしてきたのだ。


月曜日。僕は受付嬢との約束を守って、リクルート社の二次試験を受けた。

面接を担当してくれたのは、安達さん(仮名)と西田さん(仮名)という2人のマネージャーだった。

1時間くらい、応援団とか、いろいろなことを聞かれて、僕なりに、「これは、かなり気に入られているな。僕のことを欲しがっているな」と感じていた。

それは、そろそろ面接も終わりに近づいた時だった。いきなり、僕の目の前で2人が突然に立ち上がって、こう言ったのだ。

「しゃあない！ 最後、ジャンケンや！」

えっ？ っという間もなく、2人は「ジャンケンポン！」て。

結果は、安達さんがパーで、西田さんがグー。

途端に、安達さんが「勝ったーーっ！」って手をあげて、僕のほうに近寄ってきたと思ったら、「おい、岩井！ 明日から頑張ろうな！」って言って握手してきた。

こっちは、訳もわからずに握手して、もう、それで採用決定！

しかも、所属は、ジャンケンで勝った安達さんの広告事業部！ って、おいおい、これじゃ、いきなり血判を押させる応援団と変わらんじゃないの……。

つくづく思うのは、**人間の人生は、本当に、どこでどう転ぶかわからない**ということだ。

もし、このとき、西田さんがジャンケンに勝っていたら、僕は西田さんがマネージャーをやっている、新しくできたばかりの住宅情報事業部の所属になっていた。

ジャンケンに勝った安達さんのほうの広告事業部のお客様は、いわば、「人を採用したい世の中のすべての会社」だ。大手から、中小、零細に至るまで、いろいろな会社の社長と会えて、いろいろな業種、職種の仕事を垣間見ることができる。

このときのリクルートでの経験が、現在の僕の事業にとても役立っているのだ。

いっぽう、西田さんの住宅情報事業部のお客様は、不動産業界に特化している。「浅く広く」の広告事業部の営業とは真逆で、「狭く深く」の営業が求められる。

だから、もし、**あのときのジャンケンで、西田さんが勝っていたら、僕は今ごろ、不動産会社のオヤジになっていたかもしれなかった**のだ。いや、サラリーマンをずっとやるという選択をできる人間ではないので、確実に不動産屋の社長にでもなっていたことだろう。

人生なんて、ジャンケン1つで将来が変わってしまうこともあるのだ。

そんなわけで、僕は、正社員で入社が決まっていた布団屋をけって、リクルート社にアルバイトとして入社した。

まあ当時、リクルート社は世間的にも「面白い会社」と言われていたし、僕としては、「半年か1年くらい頑張って、それからまた、どこかの会社に就職すればいいいや」くらいの気持ちだった。

ところがどっこい。入社して、まわりを見て驚いた。

社員はもちろん、アルバイトも全員、自分以外は、とんでもない学歴の持ち主ばかりだったのだ。

そんななかに、最終学歴は「高卒」という自分が放り込まれてしまった。

「こりゃ、えらいところに来てしまった」

本気で、**「このままでは、すぐにクビだ」**と思ったのだった。

おい、岩井、これ売ってこい！

僕が「このままでは、すぐにクビだ」と思ったのには訳がある。

実は、当時のリクルート社は、たとえアルバイトでも、「3か月経っても売れない人は契約更新されない」というルールがあったのだ。

3か月目にマネージャーと面談があって、「残念だけど、売れていないんで、これで終わりな」なんて言われてしまう。

なので、僕は「最初が勝負だ」と思った。

入社した初日の朝。

朝会のあと、例のジャンケンで勝った上司、安達さんが、『就職情報』（のちの『B-ing』）

という分厚い冊子が10冊くらい入った水色のビニール袋を、僕に2袋渡して、こう言ったのだ。

「おい、岩井、これ売ってこい！」


いきなり言われて、訳が分からず聞き返した。

「えっ？　これって本屋で1冊100円で売ってるヤツですよね？　僕、どこで何を売るんですか？」

「バカだな、お前は。これ、なかに企画書が入っているからよく見ろ。企画書を読むと、この媒体は、すべてのページが企業の採用広告になっているから、これを企業に売ってくるんや」

なるほど、そういうことか……。

「見本誌としてこれだけ渡しておくから、お前、企業に飛び込んで、先方に見本誌を渡して、企画書を見せて、営業してこい」

「僕、いきなり、営業をするんですか？」

「そうや。最初、わからんかったら、喫茶店にでも入って、企画書を読み込んで、自分の頭に叩き込んでやってこいや！」

もう、それで、ポーンと会社から放り出されたのだ。

初日に、なんの研修もなく、いきなり「売ってこい」って……どんな会社だよ。

仕方ないので、僕は言われたとおりに、喫茶店で企画書を見てみた。

すると、１ページで19万８０００円とか、２ページで40万円近くとかするではないか！

まだ、「広告」というものの価値も知らなかったので、べらぼうに高いなと思った。

これは、リクルート社、儲かるわけだ……と。

それはそうと、こんなもの、いったい、どうやったら売れるのか？

考えた末、これはもう、自分のコネを使うしかないなと思った僕は、すぐに電車で自宅に戻って、同窓会名簿を引っ張り出した。

そして、高校の同級生で、瀬戸にある陶器屋の息子に連絡を入れたのだった。

彼の父親は、なんと人間国宝。僕は高校の頃から面識があったが、髭を生やしていて、まるで仙人のような容姿をした人だ。

「俺、実はさ、リクルートに就職したんだけど、お前んちって人、いらねぇ？」

「人は欲しいよ。欲しいけど、うちみたいな特殊な仕事は、リクルートの媒体とかで採れんだろ」

「いや、ちょっと1回、話だけでも聞いてくれねぇかなと思って……」

「まあ、いいけど、俺、別にまだ社長じゃないから。親父が権限を持ってるから。親父には会わせるけど、たぶん、やらへんで」

「やらなくてもいいから、とにかく行かせて」

そう伝えると、電車を乗り継いで、バスに乗って、瀬戸の山奥まで行ったのだ。

ようやく行くと、相変わらず仙人のような姿のお父さんが出てきた。

「なんだ岩井君、息子から大学を中退したって聞いとったけども、リクルートとは、ええ会社に入れたやんか」

「実は今日、初日なんです。しかも僕、社員じゃなくてバイトです」

「ああ、そんなのもあんのや」

入社初日にして、生まれて初めての営業のスタートだった。

初日から大騒ぎに

僕の説明を聞いてくれた仙人は、聞き終わるとこう言った。

「いや、こんな媒体でうちに職人が採れるわけないやろ。これ、ちょっと無理やなぁ」

内心、がっかりする僕。しかし、仙人は続けてこう言ってくれたのだ。

「でもまあ、君の就職祝いだな。職人を採用できるとは夢にも思わんけど、ご祝儀だと思ってやったるわ」

そうして、「大きなページは無理だから」と、1ページ19万８０００円で広告を出してくれることになったのだ。

や、やった！　しかし、こんな展開は考えていなかったので、いざとなると、申込書を持っていない。仕方ないので、作りたてホヤホヤの自分の名刺の裏に「たしかに掲載を約束します」って一筆もらって、印鑑を押していただいた。

とりあえず、1つ売れた！　いったい、いくつくらい売ったら、会社へ帰れるんだ？

そんなことを考えながら、その後、必死でアポ取りの電話をしたが、結局、どこもアポを受けてくれなかった。

こんなに1日頑張って、19万８０００円の受注が1つだけとは……。

これは、初日から大目玉だと思って、トボトボと会社に戻った。

オフィスに戻ると、さっそく安達さんが、「ご苦労さん、遅かったな、岩井。で、どうやった？」と声をかけてきた。

「すいません。1日すげえ頑張ったつもりなんですが、1つしか売れませんでした」

僕がそう答えると、安達さんの表情が変わったのだ。

「は？　お前、今、なんて言った？」

「いや、だから、1つしか売れませんでした」

「だって、お前、申込書は？」

「持っていなかったんで、この名刺に一筆書いてもらいました」

と、安達さんが、突然、大声で叫んだ

「おい、みんな！　岩井が受注してきたぞ！」


そうしたら、まわりのみんなが、「なんでなんで！？」って。

「おい、こいつ、入社初日に受注してきよった！」「前代未聞や！」と、なんだか大騒ぎになってしまったのだ。


あとから聞いた話では、リクルート社では、まず初日から、何も教えないまま「売ってこい」って放り出す。で、その日をどう過ごしたかをフィードバックしてもらって、「苦労はしたけど、こんな学びがあったよね、じゃあ、明日からは、ちゃんと研修で学習しようね」と、そんなふうにスタートする習慣があったのだ。

なのに、僕は初日から、想定外の受注をしてしまった。

もう大騒ぎになって、その日のうちに、「**名古屋栄営業所の新人営業マン、岩井良明さんが、入社初日に初受注されました**」なんていうニュースが、「くす玉パカーッ」みたいな画像とともに、瞬く間に全社に伝わったのだった。

すっかり、怒られるものだとばかり思って帰社したのに、なんだか、だんだんと自分、すごいことをやったんだなという気分になってきた。


そこからは、快進撃だった。


中学高校の名簿を片っ端からあたっていったのだ。

もともと先輩後輩のつながりが強い校風で、その上、前述のように、経営者の息子とかが多かったことも幸いし、頑張っている後輩の僕に、結構、受注をくれた。

結果、僕は与えられていたノルマを楽々とクリア。それどころか、「結構売れる営業マン」になった。そして、**３か月後の面談では、クビになるどころか、アルバイトの「Ａ職」から「ＧＡ職」に昇格することができた**のだった。

喜んで、先輩に「ＧＡ」の意味を聞いたら、「月給アルバイト」の略だと聞いて、「日給アルバイトが月給に変わっただけかい！」って、ガクッとはなったけれど……。

とんでもない先輩

ここで、僕に「営業のなんたるか」を教えてくれた、1人の先輩についてお話ししたいと思う。その先輩、名前を池畑さん（仮名）という。

当時のリクルート社では、新人にはそれぞれ仕事を教える社員が1人つくようになっていて、僕の担当になったのが池畑さんだ。

担当制では、ダブルカウントといって、僕の売上も先輩営業の売上としてダブルカウントされる仕組みだった。つまり、池畑さんの売上が3000万円で、僕の売上が1000万円とすると、池畑さんの売上に僕の売上が加算されて、池畑さんはトータル4000万円を売ったことになるというわけだ。

だから、どの営業も、自分が担当する新人を本気で鍛える気になる。

で、実は僕の担当になった、この池畑さん、名古屋でナンバーワンの営業マンだったのだ。

しかも、運の悪いことに……ではなく、幸運にも、池畑さんの家は僕の実家のすぐ近くだった。おかげで、僕は、毎日の帰りの電車のなかでも、池畑さんから営業のなんたるかを叩き込まれることとなったのだった。

池畑さんの営業にかけるパワーはすさまじかった。

たとえば、朝の5時だろうと、平気で電話をかけてきた。

当時はまだ携帯電話なんてないので、僕の自宅の電話が鳴り響くわけだ。家族が出て、「良明、会社のイケハタさんから電話だよ」って。まあ、家族もいい迷惑だったと思う。僕が「なんですか、こんなに朝早く」って電話に出ると、「岩井、新聞見たか！」と。こっちはわけがわからないので「はあ？」とか返事すると、「新しい会社ができたぞ！ すぐに着替えろ！」って。

6時くらいには車で迎えに来て、一緒にその新会社に向かって、7時頃にはもう、その会社が入ったビルの正面前に着く。

当然、ビルはまだ開いていないので、誰もいない。

ところが、我々のあとに、次々とリクルート社の営業マンがやってくるのだ。

そんな彼らに、古畑さんは言い放つ。

「はい、一番乗り取ったから、帰れ帰れ！」

みんな、新会社ができるのを虎視眈々と狙っていて、我さきにと集まるけれど、古畑さんに先を越されていたという、そんな人だったのだ。

もちろん、このあと、9時になって会社が開くと同時に飛び込んで、「新会社とお聞きしておじゃましたんですけど」って言って営業を始めるわけだ。

一事が万事この調子。土日も関係なく仕事の電話がバンバンかかってきた。

「岩井、暇か！」

「はい、暇です」

「一緒にランチ食いに行こう！」

リクルート時代。尊敬する先輩とのツーショット。

先輩からの言葉にノーと言わないのは、応援団の頃からの習性か？

とにかく、**僕は四六時中、池畑さんから営業の仕事を叩き込まれた**のだった。

はたで見る池畑さんは、まさに「営業の天才」だった。僕は気合で売るタイプだったけれど、池畑さんは理路整然と売るタイプで、僕は池畑さんの真似をするしかなかった。この頃は、まわりからよく、「お前の説明は池畑とそっくりだな」なんて言われたものだ。

そんなわけで、池畑さんに鍛えられたこともあり、**僕はべらぼうに売れる営業マンになっていった**。もう名古屋だけでなく、リクルート社内で、全社的に、岩井という名前は有名になっていったのだった。

それは、僕が入社して9か月目のことだった。

先輩社員の1人から、こう言われた。

「岩井、チャンスだぞ。お前、社員になれるかもわからん」

しかし、当時、リクルート社には4000人くらいアルバイトがいて、そのなかから社員になれるのは1人か2人と言われていた。そんな事情を知っていたから、僕は「そんな、絶対に無理です」と答えたのだ。

すると、その先輩、**「情けない、それでも男か！　チャレンジしろ！」**と。

この言葉で、僕は腹をくくったのだった。

面接でブチ切れる！

僕が、社員試験に二の足を踏んだのには、実は、こんな考えがあった。

ここまで頑張って社員よりもはるかに売って、もし、社員試験を受けて落とされたら、自分のプライドはズタズタになる。そうなったら、もうここにはいられない。しかし、自分はこの会社が好きだから辞めたくない。だから、社員試験は受けたくない。

つまり、僕が「腹をくくった」というのは、**「社員試験で落とされたら、リクルートを辞めよう」という決心をした**ということだったのだ。


上司の安達さんから「社員試験を受ける資格を与える」って言われて、僕はまた、SPIを受けた。もちろん、アルバイト採用のときよりもハードルが高くて、もう、最高点を取らないと社員には到底なれないというレベルだ。

それでも僕は必死で勉強して、なんとか、そのハードルをクリアした。

次はいよいよ、東京の本社に呼ばれて、当時の広告事業部の女性部長との面接だった。この女性部長、社内で「人間ブルドーザー」と呼ばれるほどの切れ者で、僕は、「うわっ、あの人が最終面接かよ」なんて思っていた。


そして僕は、**この最終面接で、またもや、悪い癖がでて、やらかしてしまったのだ。**


最終面接で、その女性部長、僕のデータをバーッと見て。

「あら、よく売ってるわね、あんた」

「ありがとうございます」

と、ここまではよかったのだ。

「あんたのキャリアは……。あっ、なんだ、大学中退してんの、あなた」

「はい」

「はぁ！　なんでも物事を途中で投げ出す人間に、まともな人間はいないのよ。バカじゃないの、あんた、大学中退して」

聞いた途端、「なんだ、このババア」と思った。

「ちょっと待ってくださいよ！　たいへん失礼ですけど、僕、大学を中退しないで、ちゃんと卒業してたら、普通に会社員としてどこかの会社に入ってますよ！　中退で学歴がないから、こんなアルバイトみたいなことをやってるんじゃないですか！　なんで、そんなこと、言われなあかんのですか！」

「何あんた逆ギレしてんの？　逆ギレする意味がわかんないわ。ばっかじゃないの！」

もう、面接のムードは最悪。

その後も、「あんた、尊敬する人はいるの？」とか聞かれて、正直に「誰もいません」と答えたら、「ふん。尊敬する人の1人もいないようなヤツはダメだわ」って。

たぶん、10分か15分くらいの面接だったが、もう、けちょんけちょんに怒られて、最悪の内容だった。

面接後には、「なるほど、こうやってアルバイトが社員になる道がつぶされるのか」って、すっかり、やさぐれた気分になっていた。

上司の安達さんに電話して、開口一番、「ダメでしたわ」って。

「えっ、お前、ダメだって言われたのか？」

「いや、言われてませんけど、ダメに決まってますわ。もう俺、ほんとに月曜日に会社に行きたくない。嫌です」

「ふざけたこと言ってんじゃねえよ、お前！　ちゃんと出てこいよ！」

そんなことを言われても、ダメに決まっているし……。まあ、会社を辞めるにしても、手続きもあるだろうから、行くだけは行くかと。

そう思って、月曜日に会社に行ったのだ。


会社では、みんなが僕の出社を待ち構えていた。

そして、僕を見るなり「おめでとう！」って。

クラッカーがパンパンパンと鳴って、「社員試験、受かったぞ！」って。

マジか！？　あの面接で？　合格！

信じられなかった。

それまで26年間生きてきて、なんだか、**初めて社会に認められたような気がした。**

感無量だった。

僕は、その瞬間は、心の底から「**リクルートに命を捧げよう！ 死ぬまでリクルートで働こう**」と思ったのだった。

売上目標の１０００パーセントやれ！

最終面接でブチ切れた僕が、社員になれた最大の理由。

それは**一にも二にも、「滅茶苦茶に売っていたから」**にほかならない。

当時のリクルート社で、僕のような新人営業の新規売上目標は１０００万円だった。

これ、２００万円の新規受注を5社決めればいいわけで、９割くらいの営業マンは達成していたのだ。

だから、単に売上目標をクリアするだけでは、ぜんぜん目立たない。

僕が先輩から言われたのは、「**お前、売上目標の1000パーセントやれ！**」というものだった。

つまり、目標の10倍。１億売れと。

最初は「そんなこと、できるわけないだろ」と思ったが、僕はここで、発想を変えたのだ。

僕が入ったとき、すでにリクルート社には20年以上の歴史があったのだが、その間、がんとしてリクルート社と付き合わない大手企業がいくつかあったのだ。

僕は、ここに糸口を見いだした。

だって、普通なら、リクルート社を使って当然なのに、おかしいと思ったのだ。

僕は、そんな会社を10社くらいピックアップして、訪問を開始した。

人事部の担当者に飛び込みをかけたりして、わかったこと。

それは、**単純にその会社が「リクルート社を嫌っている」**ということだった。

「どうも、あそこの営業マンは偉そうで許せん！」と、そんな理由で付き合いがなかっただけだったのだ。

それからは、ひたすらに訪問し続けた。最初は、「お前、アポも取らずにくるなや」「また、お前か！」と言っていた人事担当者も、毎日のように通ううちに、「ちょっと、お茶でも飲んでいけや」ってなっていった。

そして、2か月くらい通い詰めた頃、ずっと世間話だけで、いっさい仕事の話をしない僕に、とうとう先方から「**お前さ、毎日毎日やってくるけど、商売の話、しなくてええんか？**」と言ってくれたのだ。

「えっ！ していいんですか？」

「せえや。でも、うちはたぶんリクルートとは付き合わんぞ。上の者に話を通せるかどうかもわからん。それでもよかったら、お前、1回、企画書持ってこいや」

「ありがとうございます！」


普通の企画は200万円。でも僕は、その会社の大きさや、学生たちの人気の高さを考えて、思い切って、2000万円の企画を持っていったのだ。

企画書を見た担当者が、怒ったのなんの。

「お前、ふざけんなよ。こんなスケールのでかい企画をやらないと、うちに大学生が集まらんとでもいうのか！」

「普通の企画では、たいした学生は集まらないと思います。僕、この2か月間、御社が経営するレストランや映画館をたくさん回らせてもらいました。すごく失礼なことを言いますけど、今のままだったら、御社は10年後にはつぶれます！」

言ってしまった……。例によって、若気の至り。

その方からは、「何をこの野郎！ 生意気な。まあ、ええわ。何度もきたことに免じてこの企画は上にあげておいたるわ。だが、今日でお前とはさようならやな」と。

僕は、「わかりました。でも、上にあげていただければ僕は本望です。ありがとうございました。よろしくお願いします」と言って退散した。

しかし、その日、社に戻ると、その担当者から電話が入ったのだ。


「明日、うちの社長が、お前に会うって言ってるからこい」


やったー！

次の日、訪問した僕は、1人、社長室に通された。

相手は、テレビで何度も見たことがあるほどの大物社長だ。

ふかふかのソファーに座って待っていると、社長が部屋に入ってきた……。


目標は達成したけれど……


あの社長だ。本物だ！

それが僕の第一印象だった。

僕ですら顔を知っているその大物社長は、「やあ、どうもどうも、リクルートさん」という感じで応接室に入ってきた。

そして、こんなことを言ったのだ。

「今まで、数限りなくリクルートの営業マンと会ってきた。でもね、どうもリクルートは好かんのやね」

「……」

「ところで昨日、部長からこれがあがってきて、わしも見た。なかなか面白い。どうやら君は、今までのリクルートの営業マンとはちょっとタイプが違いそうやな」

「……」

「君、遠慮しなくていいから、うちの会社、今、どこが悪いか言ってごらん」


カリスマ社長からそう言われた僕は、「飲食店についてはこういうところがダメで、このままではこうですよ」と、思うままに正直に伝えた。

社長は、僕のような若造の話を「ほう、ほう」と聞いてくれて、聞き終わるとこんなことを言ったのだ。

「岩井君ていうのか、君は。あのな、社長っていうのは孤独なもんだぞ。うちには役員もいるが、今、君が言ったようなことをワシに進言してくれるヤツは1人もおらんのや。君はよそ者で、第三者だからこれだけのことが言えたわな。こういう、外の人間の意見を大事にせなあかんのやなと、つくづく思うわ……。おもろい。じゃあ、**とりあえず君に賭けてやろう**」

「ありがとうございます！　企画のなかの何をやっていただけますか？」

「全部やってやる」

こうして僕は、その場で2000万の企画を受注することができたのだった。

こんな感じで、僕は、ピックアップした「リクルート社を嫌っている会社」から、いくつかの超大型受注をいただくことができた。


その結果。

先輩から言われた「売上目標達成率、1000パーセント」というとんでもない数字を超えて、**売上目標達成率、1300パーセントをやることができた**のだった。

最終面接でボコボコにされた自分が、晴れて社員になることができたのは、すべて、このとんでもない達成率のおかげだったというわけだ。


この売上達成率は、もちろん、全営業マンのトップだった。

僕は、赤いブレザーかなんかを着させられて、各地で講演までやらされた。

講演のタイトルは、「なぜ、名古屋栄営業所の岩井は、トップになれたのか?」みたいな。

このときが、僕のリクルート時代のピークだった。

東海中学のときもそうだったが、「やればできる」とわかってしまうと、なぜか気が抜けてしまう。

社員になってからは、売上目標くらいはもちろん達成していたが、２度とトップを取ることはなかった。

いや、それどころではない。

社員になれたあの日、「リクルートに命を捧げよう！ 死ぬまでリクルートで働こう」と本気で思った僕。

それなのに、僕は、その**たった2年後にはリクルート社を去ることになる**のだ。

なぜ、僕は大好きだったリクルート社を去ったのか？

その理由は、次の第5章でお話ししたい。

たぶん、波瀾万丈な僕の人生のなかでも、もっともディープな体験。

教育者でもある自分が、果たしてこの話を本に書いてよいのか、迷いもあったが、もう、覚悟を決めて、すべてをお話ししたいと思う。

第５章

もういいよ、みちる

この第５章では、僕とある１人の女性の話をしたいと思う。

彼女との出会いと別れは、僕に、人間の優しさと弱さと、そして、生きることの宿命を教えてくれた。


そして、今、僕がこうしていられるのは、もしかしたら、彼女のおかげなのかもしれないのだ。

とてもディープな話だが、ぜひ、お付き合いいただきたい。

いや、よくねぇよ！

僕は、社会人になってしばらくしてから、風俗にハマったことがあった。

そもそも学生時代に「お水のバイト」で荒稼ぎをしていたし、リクルート社は給料がよかったんで、お金だけはあったのだ。岐阜駅の裏側に「金津園」という、一大ソープランド街があって、そこにしょっちゅう行っていた。

僕はまだ20代の若造だったので、ソープ嬢にしてみたら、「この人、この若さで、どうしてこんなにお金を持っているの？　ただのサラリーマンじゃないわよね。何か悪いことやってる？」と思ったことだろう。

で、あるとき、1人のソープ嬢が真面目な顔をして言ってきたのだ。

「ねえ、あんた。あんまりお金使うのやめな」

「大丈夫だよ」

「大丈夫じゃないよ。あのさ、もうこれからは入浴料だけ払って、なかのサービス料は私、要らないから」

「ダメだよ、そんなの。そうなったら来へんで俺。絶対ダメ」

サービス料を取ってなんぼのはずなのに、そんなことを言ってくるなんて、善人だなこの子って。向こうは向こうで、申し出を断った自分のことを好きになってくれたみたいだった。しばらくすると、「ねえ、なんか話聞いてると、毎晩、仕事が遅くて家に帰るのにタクシー使ってるみたいじゃん。よかったら、私が住んでるマンションが途中にあるから、寝ていったらいいよ」なんて言ってくれたのだ。

まだ若かった僕は、「やった！ ソープ嬢のヒモになれた」なんて喜んで、それからは、週の半分くらいは、その子のマンションに泊まらせてもらうようになった。

それが、みちるだった。

お店が終わって、みちるがマンションに帰ってくると、時刻はもう3時とか4時。僕はご飯を作って、その帰りを待っている。

そうすると、朝、会社へ出なくてはいけない時間に目が覚めない。

遅刻が増えて、勤務状況が悪くなる。

前の章で、「社員になってからは、ノルマを売るくらいになった」と言ったけれど、売上が減って当然の生活をしていたわけだ。

ある日、何気ない会話の流れで、「お前さあ、なんでソープで働いてんの？」と聞いたことがある。すると、みちるはあっさりと言ったのだ。

「えっ、だって親に借金があるから」

あまりにもあっさりと言われたので、冗談だと思っていた。

しかし、ある夜、僕がマンションにいるときに、みちるの母親から電話がかかってきた。

そのやり取りは、どう聞いてもお金の無心ではないか。

みちるの言葉は本当だったのだ。

「今の電話、お母さんだよね。お前、お金を無心されてなかった？」

「だから前から言ってるじゃん、親に借金があるからソープで働いてるって」

「親の借金のために自分の体を投げ出すって、そんなの、考えられないんだけど」

「まあ、あんたみたいに普通に育った人にはわかんないよね。しょうがないじゃん。私、お父さんのことも、お母さんのことも好きだから、いいの、いいの、これで」

「いや、よくねぇよ！」

そんな会話をして、その夜は寝たのだ。

だけど、僕はもう、居ても立ってもいられなかった。

朝、みちるを起こすと、「今から俺を、お前の親のところへ連れていけ！」と言ったのだ。

「あんた何言ってんの？　意味わかんない！」と言うみちるに、無理やり服を着せると、2人でタクシーに乗り込んだ。

そして、みちるの実家へと向かった。

途中、銀行があったので、僕は、みちるにわからないように、当時の自分の預金、1300万円から、1000万円を引き出した。

やがて、タクシーはみちるの実家に。

そこは、思いのほか「普通の家」だった。

何やってんのよ、あんた！

突然の来客に驚くみちるの両親。

みちるのお父さんは個人タクシーの運転手だった。

僕は2人に言った。

「実は今、僕はみちるさんと仲良くさせていただいています。立ち入ったことをお聞きしますが、いくら借金があるんですか？」

「なんで他人のあんたに、そんなことを言わなきゃいけないんですか？」

「いいから教えてください！　いくらあるんですか？」

押し問答の末に、ようやく、「借金は1000万円くらいある」と。

家を新しく改装するにあたって、お金が足りなくて、軽い気持ちでサラ金から50万円をつまんだのが最初だったと。

普通の人が聞いたら、信じられないようなバカな話だろう。

でも、僕は学生時代に、同期のヤツから頼まれて名義を貸したために、サラ金から借金を背負うという経験をしているのでよくわかった。

みんな、最初は30万とか50万とか、その程度の金額をつまむのがきっかけなのだ。あとはそれが雪だるま式に増えて、5年も経てば1000万円になっても、まったく不思議ではない。

話を聞けば聞くほど、みちるの両親は「普通の人」だった。

決して、お金をだらしなく使っているような人たちではない。

家も生活も一見ちゃんとしている。こんなに「普通の人」が、サラ金に借金があって、娘がそのためにソープで働いているのかと思うと、不思議な気持ちにすらなった。

僕は、カバンから、銀行からおろしたばかりの1000万円を出すと、両親に言った。

「この金で、全部、借金を返してください。ただ、あなたたちに渡すと危ないので、今から、この金を持って僕がサラ金をまわって返してきます。だから、どこにいくら借金があるか教

えてください」

　聞けば、みちるの親は、誰もが知っている会社はもちろん、いくつものサラ金業者から借金をしていて、その合計額は、たしかに1000万円に及んでいた。

「たしかに1000万円だね。じゃあ、これ、今から返してくるから。今日で、お宅の娘さん、お店は辞めさせるからね」

　みちるは必死になって僕を止めた。

「何やってんのよ、あんた！　そのお金、どっから持ってきたのよ！」

「いいから黙って俺の言う通りにしてくれ！　別にこの金を返せなんて言わないから。お前、この金で、もう、今日で店を辞めてくれ。それが俺の望みだ。実はこの金は、俺がコツコツと頑張って仕事をした金じゃない。あぶく銭で、いろんな結果で生まれてきただけの金なんで、こういうことに使うほうが、本望なんだ」

　僕がこのお金を稼いだのは、ほとんどが「お水の世界」だった。

　そこには、身体ひとつで懸命に働く女性がたくさんいた。僕は、彼女たちに、「生きることのたいへんさ」を教えてもらった。だから、この金に、もし意思があるなら、きっと、こんな使われ方を望んでいるに違いない。

僕は、みちるを説得し、教えてもらったサラ金をまわり、みちるの親の借金をすべて返した。

そして、みちるをお店から辞めさせたのだった。


ソープランドを辞めたみちるだが、やはり、急に普通の勤め先に戻るのは難しいだろう。

そう思った僕は、彼女に、自分がよく知っている名古屋のクラブを紹介した。

みちるは、そこでホステスとして働くことになり、僕は、このクラブに毎晩のように顔を出すようになった。


そんな生活は、数か月間続いた。

その頃から僕は、真剣にみちると結婚しようと思うようになっていった。

結婚しよう

「俺と結婚しよう」

ある日、僕はみちるにそう言った。

そのとき、僕は26歳。それまで、26年間生きてきて、こんなにも、きれいな心を持った女性には会ったことがなかった。

親の借金のために、自分から辛い仕事を続けるなんて、僕にはとてもできない。

こんな、きれいな心を持った**この人だけは、なんとか自分が幸せにしないといけない**と、そんな思いがあった。

しかし、予想したことではあったが、僕のプロポーズの言葉を聞いたみちるは、こう言ったのだ。

「バカなこと言ってんじゃないわよ」

理由はこうだった。

自分は夜の世界で生きてきた女だと。たとえば、あなたと一緒に栄のデパートか何かを歩いていた時に、ふっと通りすがりの人が私を指さして、「あっ、あいつ、ソープにいた女じゃん」って、そんなことを言われるかもしれないのよ……と。

「いや、関係ないじゃん、そんなこと！　そんなの過去のことじゃん！」

僕は、みちるに訴えた。

「今が大事だろ！　だから、俺と結婚してくれ！」

彼女は納得しなかったけれど、「とにかく、一緒に住もう」ということになって、僕たちは、籍を入れないまま、一緒に住み始めた。

しかし、やはり、無理があったのかもしれなかった。

一緒に住み始めると、彼女のなかには、どこかに「1000万円を返してもらった」という僕に対する負い目があったようだ。

そして、僕のほうは僕のほうで、彼女を抱くことが、「お金を出した代償として抱くのは、男として嫌だ」みたいな感覚になってしまい、男と女の関係がピタリとなくなってしまったのだ。

数か月後。

みちるは置き手紙を残して、家を出て行った。

たぶん、彼女は彼女なりに悩んでのことだったろう。

僕は「愛情」だと思っていたが、彼女にとってそれは「同情」にしか感じられなかったのではないか？　きっと、辛かったに違いない。

置き手紙には、「**いつか必ずお金を返します。だから、探さないでください**」と書いてあった。

お金なんて、どうでもいいのに……。

僕は、それからしばらく、彼女を探したが、まったく音信不通になってしまって、やがて、あきらめたのだった。

しかし……。

時として、人生には、信じられないような奇跡が起こることがある。

それは、みちるがいなくなってから、1年後のことだ。

僕は、ある先輩と名古屋で飲んでいて、終電を逃してしまった。

しかたなく、２人でホテルに泊まることにしたのだが、その先輩が、「岩井、俺はこれから女を抱きたい」と言い出した。

「こんな時間じゃ、もう、ソープもやってませんから、じゃあ、コンビニで新聞を買って、そこに載ってるデリヘルに電話して、女の子を1人呼びましょう」と僕。何しろ「お水の世界」で働いていた僕は、そういうことに詳しい。

スポーツ紙を購入し、そこに載っている何軒ものデリヘルから適当に選んで、電話をかけた。好みのタイプを聞かれたので答えると、先方は、「お兄さんの好みのタイプにピッタリの子が今日入ったの。今日、入店して、おたくが初めてのお客さんだからやさしくしてあげてね」って。

やがて、ホテルの部屋のドアがコンコンとノックされて、ドアを開けると……。

そこには、みちるが立っていた。

信じられない再会

こんなことってあるだろうか？

適当に買った新聞に載っていた、いくつものデリヘルのなかから適当に選んで電話をかけた店なのに。偶然、その店に、その日、みちるが入って、最初のお客に自分がなるなんて……。

ドラマだったら、「都合がよすぎるでしょ」というような、**信じられない奇跡が、人生には起こることがある**のだ。

みちるを見た途端、僕は叫んでいた。

「お前、何やってるんや！」

「あんたこそ何やってんの？」

僕は、とにかくみちるを部屋に引き入れた。

そして、僕のもとから去ってから、いったいどう過ごしていたのか尋ねた。

聞けば、みちるは家を出て行ってから、ずっと、罪の意識に苛《さいな》まれて1年間はずっと、水商売をやって生きていたという。

少しはお金を貯めることもできたのだが、そこでまた、親に借金があることを知ったのだ。あの日、僕が１０００万円は返したけれど、そのほかにもまだ、数百万円の借金があったのだという。

それを知ったみちるは、これはもうダメだと。

２度と身体を売るようなことはしないと、僕と約束はしたけれど、やっぱり親を救えるのは自分しかいない……。そう思って、今日、デリヘルの面接に行って、初めての仕事でここにきたら、僕がいたと……。

僕はみちるの手を引いて、「でるぞ」って言ってホテルをでた。

すぐにデリヘルに電話して、「おい！　俺の知っとる女やった。もう、店には帰らへんからな！」と告げる。先方は「何！　お前、こら」とかなんとか言っていたけれど、「うるせえ、馬鹿野郎！」って電話を切って、ダーッて２人で逃げたのだった。

僕は、嫌がるみちるを、無理やり僕の家に連れ戻して、親の借金の金額を問いただした。

借金は３００万円だった。

そのころ、僕はもう１００万くらいしか貯金が残っていなかったので、今度は僕が金融会社から金を借りて、返済した。

これで、みちるは晴れて、親の借金から解放されたのだ。


僕は、みちるに言った。

「もう1回やり直そう、今度こそ、お金なんか返さなくていいから、一緒にいようよ」

その時の僕は、本気でみちるとやり直したかった。

みちるもなんとか納得してくれて、また、一緒に住み始めた。

でも……。

やはり同じことが繰り返されてしまい、数か月後には、みちるは再び僕の家を飛び出してしまった。

さすがに僕も、「やっぱり駄目だったか……」という思いだった。そして、一緒にいて、みちるの心の重荷になるくらいなら、いっそ、離れたままのほうがよいのかなとも考えるようになった。

もう、みちると会うこともないのだろうなと、そんなふうに思いながら、リクルートで仕事をしていた。


そんなある日のこと。突然、みちるの母親から電話があったのだ。

「岩井さん、ご無沙汰しています」

「どうしたんですか？　お母さん」

その電話で、みちるのお母さんの口から発せられた言葉は、耳を疑うものだった。

「実は、岩井さん。みちるが警察に捕まって、刑務所に入りました」

女と仕事とどっちが大事なんだ！

「えっ？　刑務所って、どういうことですか？　みちる、何をやったんですか？」

「覚せい剤で捕まりました」

「ええ！　ちょっと待ってくださいよ。僕といたときは絶対やってませんよ！」

「そうなんです。実は……」

僕の家をでたみちるは、偶然に、高校生の頃にいっときだけ付き合っていた彼と再会したのだそうだ。その彼が今、やくざになっていて、無理やりに覚せい剤を打たれてしまったというのだ。

すっかり中毒になってしまったところで、警察に踏み込まれて現行犯逮捕になり、今は、刑務所にいるという。

僕は、すぐに警察署に行って、みちるに面会した。

僕の顔を見ると、みちるはポロポロと大粒の涙を流した。

「こんな姿を見せたくなかった」と。

僕は、「もう心配するな、初犯だからすぐに出られるから。頑張って、もう1回、社会復帰しような」って言うしかなかった。

それからは、毎日、刑務所に面会に行った。

やがて、みちるが出所したあとは、毎日、会社が終わってから、彼女の実家へ行って、お父さん、お母さんと一緒に4人でご飯を食べた。そして、週末には、みちるのリハビリもかねて温泉に連れて行って療養させたりもした。

2人で温泉地にいても、みちるは「あそこに警察官がいる！」って、覚せい剤の後遺症によるフラッシュバックに苦しめられていた。


そんな毎日だったから、当然のように、僕の営業成績は落ちていった。

ある日の朝。僕は、上司の大林さん（仮名）に「岩井、ちょっと来い」って、会議室に呼び出された。

「お前、最近、たるんでるやろ」

「すいません」

「原因はなんだ？　女か？」

「まあ、そうっすね」

「水商売か？」

「それはどうでもいいじゃないですか。でも、すみません。たしかに勤務態度は悪くなってますね。でも僕、もともと成績も良くないですし……」

「馬鹿野郎！　お前、大学中退して、アルバイトでウチに入ってきて、自分の力でのし上がってこうやって社員にもなったのに、そんなことで駄目になってどうするんだ！　かわいそうだろ、親が！　ちゃんとやれ！」

と、そこまではまあ、上司の言うとおりだし、おとなしく聞いていたのだ。

しかし、上司の次の言葉で、いつもの悪い癖が出てしまった。

「お前、女と仕事とどっちが大事なんだ！」

聞いた瞬間に、僕は叫んでいた。

「**はぁ？　馬鹿かこの野郎！　女に決まってんだろうが！！！**　会社なんて、俺がいなくなったってビクともしないだろ。だけどな、お前なんかにはわからないだろうけど、あの女、俺がいなきゃ死んじゃうんだよ！！！」

そして、僕は「**こんな会社、辞めたる！**」と。

それで、僕は、一生を捧げるつもりだったリクルート社を辞めたのだ。

その上司は、僕の両親に電話をかけてきて、およそ次のようなことを言ったそうだ。

「お宅の息子さんは、こうこうこうで、会社を辞めると言っていて、言葉のとおり会社は辞めざるを得ないでしょう。でも、今後の息子さんのためにも、その女性との関係は切ったほうがいいですよ」

まだ携帯がない時代。僕の親は、僕とみちるとの連絡手段を全部遮断して、「もし、今度、彼女と関わったら親子の縁を切る」と宣言した。

僕のほうも仕事がなくなってどうしようかなと思っていて、そのあと、ひょんなきっかけで入った学習塾の仕事（詳細は次の章で）が忙しくなってしまい、その後、しばらくは、みちると音信不通になったのだった。

みちるとの別れ

みちると会わなくなって、また1年が経った。

僕は親から「もし、あの女と今度会ったら、親子の縁を切る」と言われていたけれど、みちるの実家の電話番号は知っていたので、連絡をつけようと思えば連絡はできたのだ。

しかし、僕のなかで、もしかしたら、**僕の存在は、みちるを苦しめているのではないか？　自分は重荷になってしまっているのではないか？**　とそんな気もしていて、その1年間、僕は、みちるのことをなんとか忘れようとしていた。

次の章で詳しく触れるが、リクルート社を去ってから、偶然に入った学習塾での仕事が忙しくなり、僕にとって、その1年は、瞬く間でもあったのだ。

それは、たぶん「虫の知らせ」だったのだと思う。

その日、なぜか急に「そう言えば、みちるはどうしているだろう。立ち直って元気でいるだろうか？」と、そんな考えがよぎったのだ。

その途端、おかしな胸騒ぎがした。

僕は、1年ぶりにみちるの実家に電話をかけてみた。

電話に出た相手の声は、なぜか、まったく聞き覚えのないものだった。

「えっ？　お宅、どなたですか？」って聞くと、「お宅こそ、どなたですか？」と。

「僕、みちるさんの知り合いなんですけど」と名乗ると、「ちょっとお待ちください」って言われて、電話が保留になって、そのままガチャッて切れるではないか。

なんだこれ？　おかしい……。

もう、ぶわっと胸騒ぎがして、僕は塾長に「ちょっと、2時間くらい出かけます」と言い捨てると、50ccバイクを飛ばして、みちるの実家に向かった。


どうか、嫌な予感がはずれであって欲しい。

みちる、無事でいてくれという思いだった。

しかし……。


実家は、壁が白と黒の幕でおおわれていた。

それは、みちるの葬式だった。

すぐになかに入っていった。そして、みちるの親に訳を聞いた。


僕と会わなくなってからも、みちるはずっと、お金のことに苛まれて、覚醒剤の後遺症のフラッシュバックもどんどんひどくなって、すっかり、生きる希望を無くしてしまったのだそうだ。

そして、ある日。とうとう、物置のなかで首を吊って死んでしまったと。

冷たくなって横たわるみちるの隣には、みちるに覚醒剤を打ったという、やくざの男が座っていた。

僕は、うわーって、そいつに殴りかかって、あとはもう滅茶苦茶になった。

「ああっ、俺、女一人、救えなかった」

みちるの死は、僕にとって、とてつもないショックであり、後悔になった。

取り返しのつかないことをしてしまった。

自分は最低の人間だと思った。

このままでは、自分は廃人になってしまうとさえ思えた。

僕は、友人のすべてに、このことを手紙で書き、「今後、僕のほうから連絡があるまで、いっさいの連絡をしないで欲しい」と伝えた。

そして、がむしゃらに塾の仕事に打ち込み、教育のノウハウを自分に叩き込むことで、みちるの死から立ち直ろうとしたのだった。

もういいよ、みちる

僕は、自分で会社を立ち上げてから、もう30年以上になる。

その間、会社を潰しかけたこと3回。

「あっ、今月、これだけの金額が振り込まれなければ、会社は終わりだ」と、そんな経験を何度もしている。

でも、なぜか、そのたびに、不思議とお金が振り込まれてきたのだ。

あるときなどは、入札だった大口の商談が、突然、随意契約に変更になって、ウチにだけ6000万円が振り込まれたこともあった。

月末ギリギリになって、社員が突然、「社長！　随意契約になりました！」って。

そのお金が入らなければ、会社はなくなっていたに違いないという、もう奇跡的な出来事だった。

僕は、そういうことが起こるたびに、いつもこう思う。

このお金は、みちるが返してくれたんだ。

これ、絶対にみちるが助けてくれているなって……。

今も、ずっと、僕を見守ってくれているんだなって……。

そうとしか、思えない。

そして、「**もういいよ、みちる。もう十分。俺がお前のために出したお金なんて、返してくれているから**」って、そう思ってしまうのだ。

みちるのお父さんは、もうお亡くなりになっているが、お母さんはまだご健在だ。

このお母さん。みちるが死んでから今日まで30年間。ずっと、毎月、５０００円を僕の口座に振り込んでくれているのだ。

この振り込みについて、お母さんは、こう言っている。

「毎月、５０００円ずつ振り込んでも、年に6万円にしかならない。10年経っても、60万円しか返せない。私が死ぬまでに、岩井さんからお借りしたお金は返し切れないけれど、**私の気持ちだけ返させてください**」

毎月、５０００円でも、30年間ということは、もう１８０万円。

そんなお金を、ずっと振り込んでくれている。

僕が、このみちるの話を人にすると、「サラ金に借金をして、娘にそれを払わせるなんて、とんでもない親ですね」って言う人が多い。

でも、それは違うのだ。

それは、とんでもないことでも、なんでもなくて、誰でも、ほんの些細なことから、そういう状態に陥るものなのだ。

だから、僕は、**ちょっとした失敗で不幸な目に遭っている人を見ても、「自業自得だよ」なんて、絶対に言えない。**

その人のことを責める気になれないのだ。

僕が、『マネーの虎』だった時、頑張っている人に、つい、お金を出してしまったのも、そんなところに起因しているのかもしれない。

そんなわけで、僕の人生にとって、**このみちるとの出会いと別れは、応援団の経験とともに、僕の「人生に対する考え方」の根底となるほど、大きなものだった**のだ。

結婚は交際０日で！

「あなたが人生で一番愛した人はみちるさんじゃないの？」

これは、僕の妻の言葉だ。つまり、妻は、僕とみちるのことを知っている。知っていながら、僕のすべてを受け入れてくれているのだ。

本章の最後に、僕と妻の交際０日の「波瀾万丈婚」についてお話ししたいと思う。

僕が妻の恵美子（仮名）と初めて会ったのは同級生の結婚式の二次会だった。

可愛い子だな、というのが第一印象だ。

次に会ったのはそれから８年後。高校時代の仲良しグループのなかの１人の出産で、病院にお見舞いに行ったときだ。集まった女性陣のなかに、恵美子がいた。

しかし、その日の僕は、自分の塾の教え子たちの受験の合否報告の電話のたびに一喜一憂していて、彼女と落ち着いて話すどころではなかったのだった。

それから数日後。共通の女友だちから、電話があった。

「岩井君、あのさ、えっこ（恵美子）から、岩井君の会社に転職したいって相談されたんだけど……」

なんと、どういう風の吹き回しか、恵美子が僕の会社に入社したいと言っているというのだ。しかし、恵美子は外資系の会社で秘書をやっていると聞いていた。塾経営の世界なんて無理に決まっていると思い、丁重にお断りした。

そのときの電話はそれで終わったが、その後も、その女友だちから、同じような電話が数回あった。僕は、なぜ彼女がそんなに僕の会社に入りたいのか不思議だった。

そして、運命の4月28日の夜。

僕も30を過ぎて、みちるのショックも少しずつやわらぎ、半ば、流されるようにある女性と結納をかわすことになり、その前日の夜のことだった。

夜遅くまで、塾で仕事をしていた僕の元に、えっちゃんから電話が入ったのだ。

「えっちゃん？　どうしたの、こんな時間に？　僕、まだ、塾で仕事してるけど」

「何時頃終わる？　実はね私、今、江南にいるの」

東京の大手外資系企業で秘書をしている彼女が、今、僕の地元に来ていると。

そして、どうしても話したいことがあるから、駅前のバーに来て欲しいと。

東京から、わざわざ愛知県のこんな田舎町まで来たのだ。よほどのことに違いない。

早々に仕事を片付けてバーに向かうと、彼女は1人、僕を待っていた。

「ごめん、ごめん。待った？」

「ううん、ぜんぜん。私こそ急に呼び出しちゃってごめんなさい」

「いや、いいんだけどさ。何かあったの？」

「岩井君。私の話、ちゃんと聞いて欲しいんだけど……」

「うん、聞くよ。どうしたの？」

「あのね………。私と結婚して欲しいの」

正直、わけがわからなかった。聞けば、友だちから、明日、僕が結納をかわすと聞いて、行くなら今日しかないと、新幹線に飛び乗って江南まできたのだという。

長年付き合っていた彼と別れて、精神的に落ち込んでいた時、僕が教え子の受験の合否で一喜一憂する姿を見て、以来、僕のことが気になってしかたなかったと。

そんなことを言われても、僕は明日、結納なのだ。「それは無理だよ、えっちゃん」。そう僕が断ると、彼女は残念そうに微笑みながら言ったのだ。

「やっぱり無理か」

そのあと、えっちゃんの希望で、２人で海を見に行った。

海を見ながら、僕は自分の人生を振り返っていた。応援団、リクルート社、そして、みちる……。波瀾万丈に生きてきた自分。それなら、流されたままに結婚するより、**最後まで波**

波瀾万丈でいかんかい！　そんな思いがフツフツと湧いてきた。

そして結局、僕はえっちゃんのプロポーズを受け入れた。こんな強引なことをやってのける彼女こそ、僕の滅茶苦茶な人生にふさわしい相手に思えてきて、急に愛おしくなったのだ。

そして、それは間違っていなかった。彼女は僕にとって最高の妻だった。彼女がいなければ、今の僕はいない。いくら感謝しても足りないくらいだ。

さて。第5章では、僕の「いたって個人的な話」にお付き合いいただいた。続く第6章では、いよいよ、僕の仕事、「塾経営」までの道について話したいと思う。

第６章

辞めたるわ！
こんな塾！

僕の会社、「モノリス」の母体は「大志塾」という名の学習塾だ。

みちるの件でリクルート社を辞めた僕が、なぜ、まったくの別分野である「塾の世界」に足を踏み入れたのか？

第６章では、僕が学習塾を始めるまでの波瀾の経緯とモノリス社設立のきっかけについてお話ししたいと思う。

塾の世界へ

話はここで、みちるが亡くなる約1年前に戻る。

その頃の僕はリクルート社を辞めてしまい、みちると連絡を取ることもままならず、なんとなく、「いっそ、田舎でカラオケスナックでも始めようか……」なんて考えるようになっていた。

田舎で仕事をするのなら、運転免許は持っていたほうがいい。

調べてみると、自動車学校に通うには、30万円くらいかかることがわかったのだが、なにしろその時の僕は、もう、貯金も無くてすってんてんの状態。これは、教習所に通うお金くらいは稼がなくてはと考え、アルバイトニュースを見てみた。

すると、コンビニのアルバイトの時給が４００円という時代に、１つだけ、時給１５００円という破格のアルバイトがあった。

それは、**学習塾の先生！**

だから、僕が塾の世界に足を踏み入れた動機は、「運転免許の教習所に通うお金が欲しかったから」という不純なものだったのだ。最初は、決して、「子どもたちのため」などという美しい動機ではなかったというわけだ。

塾の面接は、例によって、即、採用だった。

夏期講習の1か月間で集中的にお金を稼いで、すぐにやめるつもりだったので、塾長には最初から「僕、1か月で辞めますから」と伝えておいた。

ところが、1か月後、僕の運命は思いもしなかった方向へ向かい始めるのだ。

塾では、来年に高校受験を控えた中学生3年生の子どもたちのうち、比較的、成績が低い子たちのクラスで国語を教えることになった。

たとえ夏期講習の1か月間だけとは言え、ちゃんと教えたいと思った僕は、毎回、ものすごく準備をして授業に臨んだ。授業が面白くなるように、割りばしの先に○と×をつけたものを作ってクイズを取り入れたりして、工夫を凝らした。教えることは素人だという自覚があるから、そうやって、責任を果たそうと思ったのだ。

幸い、子どもたちも、そんな授業を喜んでくれたようだった。

そして、迎えた8月31日……。

僕が、最初で最後の給料をもらおうと塾長のところへ行くと、塾長は、なぜか、とても難しい顔をしていた。そして、こう尋ねてきたのだ。

「岩井君、今日、生徒たちに、先生に関するアンケートを取った。今まで、そのアンケートでは、いつも俺がダントツだったのに、君はその俺の倍くらいのスコアを取っている。君、なんか、生徒たちを買収とかしたのか？」

「ちょっと待ってくださいよ。今日でこの塾を辞める人間が、そんなことをやるわけがないじゃないですか」

僕がそう答えると、塾長も「それもそうだな」と。すると突然、豹変して、「**岩井君！　頼む。俺の右腕になってくれ！**」と言い出したのだ。

僕のアンケート結果が良かったのは、僕の授業がたまたま子どもたちにウケただけのことだ。だから、塾長から「右腕になってくれ」と誘われても、「無理です」って最初は断っていた。でも、だんだん、子どもたちとの日々が走馬灯のようによみがえってきた。

自動車免許を取って、田舎でカラオケスナックをやるのもよいけど、別に急ぐことはないだろう……。だったら、せっかく知り合った子どもたちが、来年、どんな高校に行くかを見届けてもいいかなって思えてきたのだ。

「わかりました。**じゃあ、あと半年だけやります**。今、教えている子たちの受験が終わったら辞めますから、右腕にはなれませんが半年という契約でやらせてください」

こうして僕は、その塾にアルバイトとして残ることを決めたのだった。

それから塾長は、毎晩のように僕を飲みにつれ出して、「片腕になってくれ、片腕になってくれ」としつこく誘うようになった。

のちにわかったのは、この塾長がとんでもない「金の亡者」だったということだ。

詳しくは書かないが、人件費や家賃を抑えて、自分はボロ儲けしていた。

こんなヤツに、これだけ生徒が集まるなら、**自分が塾をやれば、すぐに、もっと大きな塾がやれる**のでは？　と、僕は、そんなことを考えるようになっていった。

ボーナス事件

「塾の経営」について興味を持った僕は、ずっと「右腕になってくれ」と言い続けていた塾長に言った。

「じゃあ、僕がやがて独立することを認めてくれるなら、社員になります」

すると塾長は「もちろん、それでいいよ」と。

こうして、僕はその塾の社員になった。肩書は「本部長」。いきなり塾のナンバー２になったのだ。

とは言え、給料は月額たったの15万円。リクルート時代に、売りまくってインセンティブがバンバン入っていた頃の約10分の１になった。しかし、僕は「自宅からはバイクだし、弁当持参なので、交通費も食費もかからないから大丈夫。そのかわり、**塾経営の修行をさせてもらおう**」なんて考えていた。

結局、僕はその塾で安月給のまま2年間教育に携わり、塾経営のノウハウを学んだ。

不思議と生徒たちからの人気は絶大だった。僕は成績が中くらいの子たちを教えていたので、成績の良い子が僕の授業を受けたくて、クラス替えテストの時に、わざと白紙答案を出すという騒動まであったほどだ。

塾自体の人気も高まった。僕が入った時は小中学生が合わせて250人だったものが、2年間で生徒の数は倍の500人にまでなり、**江南市でナンバー1の塾になった。**

塾長は、この年、自社ビルを購入。すっかり調子に乗っていた。

いっぽう僕は、塾経営の修行をしているつもりだったので、少ない給料でも文句はなかったのだが、塾長の姿勢は許せず、ずっと、うっぷんが溜まっていった。

僕が本部長になって2年目の夏。もうそろそろ、この塾を離れて独立させてもらうかな……と、そんなことを考えはじめていた時に、事件は起こった。

夏のボーナスについて、塾長が僕にとんでもないことを言ってきたのだ。

「岩井君。夏のボーナスの件なんだけど、岩井君以外の社員たちには泣いてもらおうと思う。

君は経営者じゃないからわからないだろうが、実は今、経営は苦しいんだ」

もう、聞いていて「はあ?」だった。

だって、自社ビルは建てるし、普段は中古の軽自動車に乗っているくせに、夜になると車庫にしまい込んでいるベンツに乗って遊びに出かけているようなヤツなのだ。

しかも、この塾長、続けてこう言うではないか。

「岩井君はよくやってくれているから、君にはちゃんとボーナスを出す。50万出すから、そのかわり、夏のボーナスを払えないことを、ほかの社員に君から伝えて、説得して欲しいんだ」

僕は月に15万円しかもらっていなかったし、生徒たちからの人気もダントツだったので、塾長としてはつなぎとめておきたかったんだろう。それにしても……。

「そんなこと、受けられません! **だったら、僕が受け取る50万をみんなに分けてください。だって、僕だけじゃなくて、みんなで塾を大きくしたんじゃないですか!**」

「いや、君はできる人間なんだから、受け取ればいいんだ」

「それは違うと思いますよ」

そんな押し問答があって、その時の会話はそれで終わった。

しかし、そのあと、僕は同じ塾の同僚と飲んだ時、とんでもない話を聞いたのだ。

その同僚は下川(仮名)といって、僕とは幼なじみ。高校卒業後、起業したけれど、人に騙されてダメにしてしまい、僕が誘ってこの塾で先生をしていたのだ。

その下川が言うには、塾長から女の世話を頼まれたと。要は、愛人を囲いたいからイイ女はいないかという話。別に、いい大人が何をしようと構わないが、愛人を囲う余裕があるのに、社員のボーナスは払えないってどういうことだ？

下川からその話を聞いて、「あっ、もう、この塾長の下ではこれ以上働けないな」という思いが決定的になった。

塾にはもう1人、僕が誘って先生になった桑田（仮名）という男がいて、僕は下川と桑田に、塾長が僕に言ってきたボーナスの件を打ち明けた。

そして、「塾長にこんなことを言われて、納得できないから、俺はもう塾を辞めるわ」と伝えたのだ。

すると2人とも、「俺らも同じ気持ちだから、一緒に辞めるよ」と。

こうして、我々3人は、塾を辞める決心をしたのだった。

クーデターの夜の涙

僕、下川、桑田の3人の思いは同じだった。

「塾を辞めるのはいいけど、子どもたちにはちゃんと挨拶して謝りたいよね」

子どもたちは、来年には受験を控えている。それなのに、僕たちがそんな時期に、塾を辞めることになってしまって、申し訳ない気持ちがあったのだ。

裏切るようなことになってしまってすまないと、直接、全員に謝りたかった。

でも、クラスが複数あって、1つのクラスでそんなことを伝えたら、すぐに騒ぎになって塾長にバレてしまう。それで、僕らは綿密な計画を立て、実行することにした。

クラスは、月水金にくる子たちのクラスと、火木土にくる子たちのクラスがあるのだけれど、まず、月曜日の授業終わりに「みんな、ちょっと聞いてくれ」って、事情を説明したのだ。もう、シクシク泣いている子もいたのだけれど、「1つだけお願いがある。全クラスの生徒に直接に挨拶したいんで、お前らこのことを黙っててくれ」と。

次に、ほかの先生が授業をやっている教室も回って、僕は、同じことを伝えた。

要は、月曜日に塾に来ている、僕が受け持つ生徒全員に、僕が塾を辞めることを伝えて回ったのだ。

その日は、僕の話を聞いて、たくさんの生徒が泣いていた。

塾長はいつものように、階段下で、塾終わりの生徒たちを見送っていたけれど、人の心に鈍感なので、泣いている子たちを見ても、不思議に思うだけで、なぜ泣いているかはわからなかったのだ。

翌日の火曜日も同じことをやり、これで僕が受け持つ生徒全員に、直接謝ることができたのだった。もちろん、下川と桑田も自分の生徒に同じことをやったわけだ。


さて。その火曜日の夜。

塾では、全部の授業が終わったあと、11時くらいから、終礼を行なっていて、僕は本部長なので、毎回、その司会役をやっていた。

いよいよ、クーデターの始まりだ。

僕は開口一番、こう言った。


「はい、じゃあ今日も終礼をはじめます。皆さん、お疲れ様でした。すいません。今日はちょっと先に言わなきゃいけないことがあります。**たいへん申し訳ないのですが、今日で僕、この塾を辞めます**」


「何を言い出すんだ、岩井君！」と塾長が叫んだ。

「今、言ったとおりです。あなたが今まで僕たちにやってきたことを考えると、これ以上にあなたについて行くことはできません。突然で申し訳ないけれど、今日で辞めます」

「ふざけんなよ、お前！」

塾長がキレると、僕に続けて下川が立ち上がって「あっ、僕もすいません。今日で辞めます！」。次に桑田が「僕も辞めます！」と。

すると、驚いたことに、ぜんぜん、そんな話を知らなかったほかの先生まで、「僕も辞めます！」「僕も辞めます！」って言い出したのだ。皆、実はずっと塾長に不満を感じていて、僕たちのクーデターが引き金になったのだった。

塾長は茫然としていたけれど、もう僕らはパーッと荷物をまとめて退散した。

僕たち3人が塾を出たのは、たぶん、もう11時半くらいだったと思う。

そうしたら、「先生―」って声が聞こえたのだ。

んっ？　と思ったら、教え子たちが僕らに向かって走って来て、**「先生、みんな待ってるから、駐車場に来て」**って言う。

行ってみると、生徒たちが200人くらい集まっていた。

手には、色紙やプレゼントを持っていて、みんな泣いている。

「先生たち、近くで塾やるの？」

「いや、それはやっぱり道義に反するのでやれないんだよ。ごめんな」

本当にすまないと思った。僕ら3人も号泣した。

子どもたちもずっと泣いていて、なかなか帰らないので、最後は、「みんな、もう日が変わるんだから帰りな」って。

　それが、僕の、その塾での最後の日だった。

ウソのビラを配られて

　塾を辞めたあと、何人もの生徒から「先生、ホントにもう塾はやってくれないの？」と聞かれた。そのたびに「ゴメン、前の塾の近くではできないんだよ」って答えていたのだが、そのうち、ある子から変なことを聞いたのだ。

「先生、たいへんなの？　お金借りてたの？」

「えっ？　何？」

　見ると、その子、あの塾長の名前が入ったA4くらいのビラを持っていて、それに次のようなことが書かれていたのだ。

【保護者の皆様へ、うちの塾を辞めた本部長の岩井をはじめとする3人はとんでもない人間です。岩井に至っては私に500万円の借金があるのに、それを返さずに塾を辞めた裏切り者です。彼らの言うことは絶対に聞かないでください。】

　なんと、我々が近くに新しい塾を開いて生徒を取られると思った塾長が、ウソ八百を書いたビラを生徒の親たちに配っていたのだ。

こっちは、少なくとも最低限の仁義は通そうと思っていたのに……。

コイツふざけやがってと思って、すぐに塾に怒鳴り込みに行った。

塾に行くと、もう知らない先生たちがたくさんいた。

「我々に辞められて、あわてて新しい先生を雇ったんだな」と思ってよく見たら、全員がまだ大学生で、スーツを着て、それっぽくしているだけだった。あの塾長、こうまでして、塾を続ける気なんだと思いながら、「ちょっと塾長を出せ！」って叫んだ。

出てきた塾長にビラを見せて詰め寄ると、「なんだそれ、知らないぞ」って。誰がどう考えたって塾長以外にこんなことをする奴はいないのに、いけしゃあしゃあとしらばっくれるではないか。僕は、もう頭に来て、啖呵を切った。

「俺は今日の今日まで、遠くで塾を開くつもりだったけど、もう頭にきた。仁義も何もない。**すぐそばに塾を開いて痛い目にあわせてやるから覚悟しろよ！**」

我々は、すぐに、知り合いのツテで駅前にいいビルを見つけた。

すでに違う会社の入居が決まっていたビルだったが、僕がオーナーに一連の事情を説明すると、「わかった！ 今、入居が決まっている会社は俺が責任を持って断る。だから、お前、入れ！ **敷金も礼金も一切要らない。応援するから頑張れ！**」って。

まったく、有り難い話だ。こうして、電光石火で場所が決まったのだった。

「岩井先生が駅前で塾をやるらしい」という噂は、すぐに子どもたちの間に広まった。

今ではもう笑い話だが、僕が塾開校のチラシを撒く3日くらい前に、偶然、駅前に「だるま塾」という塾ができるというチラシが出まわって、「岩井先生の塾だ！」って入塾希望が殺到したのだそうだ。結局、勘違いだとわかって、希望者が全員キャンセルして誰も入らなかったのだが……。

新しい塾の名は「大志塾」に決めた。

僕は同志社大学の出身だから「同志塾がいい」って言ったのだけど、下川と桑田から「いや、それはあかんだろう」って止められて、「だよな」って。

じゃあ、「志」の一文字だけはいただこうと。「志」と言えば、クラーク博士の「少年よ大志を抱け」が思い浮かぶし、桑田の「た」、岩井の「い」、下川の「し」の文字が含まれていて、「よし、これで行こう」ということになったのだ。

いよいよ「大志塾」のビラも撒き終わり、9月20日に入塾を受け付けることに決まった。

いったい、受験を半年後に控えた、こんな中途半端な時期に、何人くらいの生徒が集まってくれるのか？

下川と桑田は、「リアルな話、塾経営としては、3人の講師が家族を抱えて食べていくには、生徒が80人は欲しいよね」なんて言っていたけれど、僕は200人くらいは来ると思っていた。

2人からは「岩井、それは甘いよ」と言われたが、今まで自分がやってきたことを考えると、それくらいは来てくれるという自信があったのだ。


さて。いよいよ9月20日の当日。

入塾の受付は10時からなので、9時50分にビルに着いた我々3人。

そこには、とんでもない光景が広がっていた。

塾の初日に大クレーム！

9月20日の入塾受付の当日。

9時50分にビルに着いた我々3人は、ビルの1階に入っているファーストフードの前にズラリと人が大行列しているのを見た。

見た瞬間は、「あれ？ ファーストフード、なんかイベントやってんの？」なんて、のんきなことを考えたが、これが全部、生徒たちの親だったのだ。

しかも、入塾のために並んでいるのではなかった。

なんと、**ほとんどの親たちは、クレームを言いにやってきたのだった。**


もう親たちは、カンカンに怒っていた。

「いったい、なんていうことをしてくれたんだ！」

「うちの息子、あと半年で受験という大切な時期なのに、今の塾をやめて、岩井先生の塾に行くってきかないんだ！　どうしてくれる！」

「親としては、この時期にそんなこと、とても納得できない！」

それはもう、ものすごい剣幕でクレームの嵐だった。


僕らは、なぜ自分たちが前の塾を去って新しい塾を始めることにしたのか、事の次第を誠心誠意、説明した。

すると、「先生たちがそこまで言うんだったら、子どもたちも、そうしたいって言っているし、もう、わかりました」ってなって、結局、クレームにやってきた親たち全員が入塾の判子を押して帰ってくださった。


こうして、わが「大志塾」は、**初日にして、僕の予想、２００人をはるかに超える２８０**

人の生徒を獲得できたのだ。

塾は小学5年、6年、中学1年、2年、3年が各2クラスずつで、計10クラスだったのだが、いきなりの全クラス定員オーバー。

あとから聞いた話では、「大志塾」のチラシが出回ると、そこは狭い田舎町でのこと、噂が噂を呼んで、小中学校で授業ができないくらいの騒ぎになっていたのだそうだ。

生徒が、「塾を変わりたいけれど、親が許してくれない」って担任の先生に相談して、それを知ったほかの生徒も、「『大志塾』ってそんなにすごいの？」って、どんどん噂が広がったらしい。

授業は10月1日から始めたのだが、塾に通う生徒を送る車や、生徒の自転車で、駅前がいっぱいになってしまって、たいへんなことになり、**「大志塾」は、あっという間に町中に知れ渡った。**

果ては、取材も受けていないのに、塾の先生を対象にした雑誌に、「江南塾戦争」なんていう特集記事がドーンと載って、「愛知県の江南市で、大手の塾がひしめくなか、個人の小さな塾が開校するなり、いきなり、これだけの生徒を集めた」とか書かれて、「大志塾」の名は、瞬く間に、塾の世界でも有名になったのだった。

僕が元いた塾からは、結局、僕が教えた生徒の9割が「大志塾」に移ってきた。

元いた塾のほうは、我々3人が抜けてから生徒たちが荒れてしまって、「岩井先生を返せ！」なんていう落書きが壁に書かれたりして、ひどい状態になったそうだ。

その後、この塾長は、頭に来て、隣町に塾を作るなどしてピーク時には10を超える塾を経営していたけれど、最後は授業料を前払いさせて、ある日、行方をくらませたと聞いている。金の亡者の哀れな末路だった。

さて。

そんなスタートを切った「大志塾」は、半年後には400人の生徒を抱える塾になった。生徒数はその後も増え続け、1年半後には700人。**2年半後には1000人にまでなったのだ。**

人口わずか10万人の江南市で、生徒数が1000人の塾って、もうとんでもないことになったのだった。

「モノリス」の誕生

こんなこともあった。「大志塾」を出て高校生になった生徒から、「先生、高校に行ったら授業にぜんぜんついて行けないよ。また、教えて！」という声をもらったのだ。

しかし、僕はもともと文系だし、高校の数学はとても教えられない。

正直に「ごめん、俺、高校の数学はわからへんわ」って伝えたら、「うそ！ 先生、わかんねえの」って。

3人で「どうにかできないかね」って、いろいろ調べてみたら、当時、200万円くらい出すと、数学の大家の先生がコンピューターのディスプレイ上で教えてくれるというハード&ソフトがあって、「これ、使えるんじゃない」と。

結局、それを2台買って、親御さんと相談の上で、通常の塾が終わったあとの時間……つまり、真夜中に僕たちが生徒を家まで迎えに行って、塾まで連れて来て、生徒がそのコンピューターを使って学習するという方法を導入した。時間が遅いほうの生徒は、**夜中の1時半から3時半までという常識やぶりの時間設定だった**。

僕らは生徒がヘッドフォンをつけてコンピューターで学習している間に仮眠を取っていて、終わったら、「お前、帰って寝たら学校に行かれへんやろ」って、その生徒と一緒にファミレスへ行って時間をつぶしてから、朝方に家に送り届ける……と、そんなことをやっていた。夜中から朝方まで電気がついている学習塾なんて怪しいと、警察から事情を聞かれたこともある。

今はもう、そんなことはできないと思うが、当時はそんな枠にとらわれないことまでやっていたのだった。

そんなことをやっているうちに、江南市に次々と大手の学習塾が参入してきた。

つまり、「大志塾」が人気なのは、「江南市というところが教育熱心な町だからに違いない」と勘違いされたのだ。

でも、あたり前のことだが、いくら学習塾が進出して来ても、「大志塾」をやめて別の塾に行く生徒は1人もいなくて、ウチはビクともしなかった。

すると、この「退塾率ゼロ」ということがまた評判になって、さらに「大志塾」の評価が高まったのだった。

3年目を迎える頃には、さすがに3人では無理になり、何人か人も雇った。

それまでは、個人でやっていたが、その状態だと、社員は健康保険も「国民保険」になってしまう。それで、「そろそろ、会社にしたほうがいいかな」という話になった。

で、例によって、僕と下川と桑田の3人で、「じゃあ、明日までに会社名を考えて来よう、ただし、『株式会社大志塾』は無しね」って。

新会社の名前をあれこれ考えた時、僕の頭には、リクルート時代のあるベテランの先輩の言葉がよみがえってきた。

それはこんな言葉だ。

「今はリクルートって言えば誰でも知っているけど、俺たちの若い頃は取引先に領収書をお願いすると、間違って『クルリート様』なんて書かれたこともあったんだ。それで、くそー、見てろよ、いつか**『リクルート』って名前を絶対に世の中に広めてやるからなって思って、闘志を燃やして**頑張ったんだ」

この言葉を思い出して、いい話だなと。そして、「よし、**新しい会社の名前は誰も知らないような言葉にしよう！**」って思ったのだ。

そこで、英和辞典を持って来て、パッて適当に真ん中あたりを開いてみた。

僕の眼に飛び込んできた単語。それが、「monolith」だった。

映画の『2001年宇宙の旅』に出てくる巨大な謎の石板が「モノリス」と呼ばれていて、単語を見た瞬間、「んっ？ モノリスって、どこかで聞いたことあるぞ」と思ったけれど、その時は思い出せなかった。

辞書には、「一枚岩」という訳が出ていて、新会社も、僕と下川と桑田の3人と社員たちが『一枚岩』でやっていくんだし、これ、いいなと。

僕は、そのほかにも案を考えて、10個くらいの候補を用意して翌日に臨んだ。

そのなかに、この「モノリス」という案もしのばせておいたのだが、やはり、2人もこの案に食いついてきた。

「岩井、このモノリスっていいよね」

「いいと思う？　じゃあ、これにしようか」

こうして、新会社の名前は、**「株式会社モノリス」に決定**したのだった。

「シーガルスクール」を作った理由

僕が独立して塾を始めたのは平成元年（1989年）。株式会社モノリスとして法人化したのは平成4年（1992年）のことだ。

ちなみに、僕が妻と交際0日婚をしたのは、ちょうど法人化して間もなくの頃。

妻が僕に惹かれるきっかけになった、教え子の合否で一喜一憂した電話をかけていたのは、学習塾を始めて3年目を越えた頃だったわけだ。

株式会社になってからも、塾の経営は順調だった。

しかし、塾が世間で評判になり、どんどん「できる子」が入ってくるようになると、僕のなかでだんだんと、塾というものに対して疑問が沸き上がってきたのだ。

当然のことながら、塾には医者の子どももいれば、町の飲食店の子どももいる。成績優秀な子もいれば、なかなかできない子もいる。

するとと、医者の子が飲食店の子を馬鹿にしたり、できる子ができない子を馬鹿にしたりする。

僕は、とにかく、そういうことが許せない。

目撃すると、「馬鹿野郎！」って怒ったりしていたけれど、考えてみれば、僕は勉強を教えて、そういうことを平気でやるような、**いわゆる「社会のエリート」を養成しているわけ**で、なんだか、塾をやる意味がわからなくなってしまったのだ。

ある時期は、本当に悩んで、下川と桑田に相談して、「僕たちは今日で塾をやめます。こんな子どもたちを育てていたら日本に未来はありません」みたいな、意見広告をドーンと出して、それでもう塾はやめようかっていう話まででした。

でも、それは、あまりに無責任だし、「今、僕たちを慕って塾に来てくれている生徒たちに失礼じゃないか」と考えて、思いとどまったのだった。

じゃあ、どうしようって考えた時に、「**そうか、学校のお勉強ではなく、人間としての心のあり方を教えればいいんだ！**」って気がついた。

そんな思いから誕生させたのが、学校では教えてくれない心の教育をする「シーガルスクール」なのだ。

シーガルとはもちろんカモメのこと。リクルート社のバッジにもデザインされていて、思い入れがあったので名前に使わせていただいた。

この「シーガルスクール」。いきなり「心の教育をしたい」と言っても生徒は集まらないと思った僕は、最初、「大志塾」に通っている子どもの親御さんに「ここにも入ってもらえれば、国語の偏差値が15くらいは上がりますよ」なんて言って、子どもを入れてもらっていた。

ところが、驚いたことに、「シーガルスクール」に入った子どもたちの成績が本当に上がったのだ。しかも、成績だけでなく、**『シーガルスクール』に行くと、成績も上がるけど、それだけではなくて、イイ子になる**」と評判になった。

イイ子になるはずだ。なにしろ僕、生徒が人として許せないことをやったら、スリッパで頭を叩いたりもしていたので……。それなのに生徒は誰もやめない。成績が上がってイイ子になる。そんな評判だった。

頭を叩く件については、あとからクレームにならないように、入塾の時、親御さんと、「僕は子どもの頭を叩きます。もちろん、成績が悪くて叩くことは一切しない。人として悪いことをした場合には叩きます。入塾されるのなら、それをご了解ください」という誓約書を取り交わすようにした。

そうやって、親の許しを得て、時には、子どもたちのためにビンタをすることもあった。だから、暴力塾だという噂もずいぶんあったはずだ。

もちろん、**叩いていたのは、それを受けとめることができる生徒だけだ。**

おかしな言い方だが、「この子は叩いても大丈夫」という子と、「叩いたらダメな子」がいる。それくらいの見極めはちゃんとしていた。

あと、女の子はいっさい叩かなかった。

男子生徒から、「先生！　えこひいきやん！」と言われると、「**馬鹿野郎！　お前ら、女は守るもんだ！**」って答えていた。

それでもわからない子には「あのな、いろんなことがあるんや」って、噛んで含めるように教えたり……。

どんな理由があっても、女に手をあげるような男は最低だと、それを教えることも、立派な教育だと、僕はそう思っていたし、それは今も変わらない。

「塾という事業」の限界

株式会社モノリスの塾経営は順風満帆で、拡大路線が続き、いっときは20を超える塾舎を持つまでになった。

しかし、僕は「もう、これ以上の拡大はやめよう」と思うようになっていった。

拡大路線で塾を大きくしていく過程で、僕は多くの新卒を社員として雇い入れた。

採用については、元リクルート社員なので、得意中の得意だった。評判の塾ということもあり、次々に大学生が就職してきた。

でも、彼らの頭のなかは、基本的にはサラリーマンだったのだ。子どもにモノを教えるけれど、「先生」というよりは、塾から給料をもらって仕事をしている「サラリーマン」という感覚。

しかし、実は、人にモノを教えるのって、サラリーマン根性では駄目なのだ。たとえ、給料をもらえなくても、生徒たちのために、自分の生活を犠牲にするくらいでないと、務まらない。

にもかかわらず、塾にずっと務めてくれている、先生気質を持ったベテランの先生たちよりも、そういった若いサラリーマン先生のほうが子どもたちから人気がでたりしたのだ。子どもたちにすれば、歳が近い先生のほうがとっつきやすいのだから当然のことだったのかもしれない。

よく、40年とか50年とか、長年続いている学習塾が、「ウチの先生の平均年齢は27・5歳です」などと言っているが、それはつまり、**その塾に長くいる先生を次々に切って、先生の平均年齢を若く保っているということ**だ。

塾の経営で考えても、給料が高いベテランの先生をずっと雇い続けることは、人件費倒れの危険を招く。

僕には、その、塾の宿命とも言える「新陳代謝体質」が許せなかったのだ。

だから、よく社員にこう言っていた。

「お前ら、先に言っておくぞ。35歳くらいになったら、勇気を持って、自ら教壇から退け。それまでには、俺が必ず、塾以外のビジネスを展開しているから、そっちに移動してくれ」って。


それから僕は、積極的に塾経営……というか、教育以外の事業を展開した。

フランチャイズの仕事をやってみたり、スポーツ事業をやってみたり。

どれも、会社ではなくモノリスの社内ベンチャーという形だったけれど、立ち上げては潰し、立ち上げては潰しということをやっていたのだ。


名古屋の住吉町というところに、フレンチレストランを作ったこともあった。

「文化飲食事業」って銘打って、埋もれているシンガーとか大道芸人や落語家なんかを呼んで、週末に店内のステージでパフォーマンスしてもらう。お客はそれを観ながらフレンチ料理を楽しんでもらうと、そんなお店を作ったけれど、これが大失敗。

今のようにネットがないから、お客集めのために、都度、ビラを配ったりするのがたいへんで、8か月くらいしかもたなかった。最後は、事業ごと二束三文で売っておしまい。お店は今も残っているけれど、僕は、内装などに1億円かけてお店を作って、結局、1億6000万円くらい負債を抱えての惨敗だった。

芸能プロダクションをやったことがあった。ボクサーの赤井英和を主人公にした舞台の興行を打ったり、僕が東海ラジオで「教えて団長！子供応援団」というレギュラー番組を持ったり。

「マネーの虎」で顔が売れたあとは、調子に乗って歌のCDを出したり、映画に出たり……。学生時代に、いっとき、役者を目指した自分としては、図らずも夢が叶ったわけだが、この頃は、自分でもだんだん何をやっているのがわからなくなっていた。

そして、とうとうある日、妻から「**お願いだから、もう馬鹿なことはやめて！　これ以上露出したら離婚する！**」って言われて、やっと目が覚めたみたいな……。

しっかり者の妻が暴走している僕の手綱《たづな》を締めてくれた形。

妻にそう言われて、ある時期から僕は露出をピタリとやめたのだった。

この章では、塾の世界への進出と、事業へ乗り出すきっかけの話をさせてもらった。

最後の第7章では、いよいよ、僕の事業家としての「人生で最大の危機」と、これからの事業展開についてお話をしたいと思う。

第７章

集大成は「若者の応援団」

塾を経営しながら、別の事業展開を模索していた僕。

そんな僕が迎えた、モノリス最大の危機。

最後の第７章では、『マネーの虎』の事業家としての苦悩と、今、取り組んでいる、「僕の人生の集大成」とも言える事業についてお話をしたいと思う。

上場の夢

新規事業はいくつか失敗していたものの、株式会社モノリスは順調に成長を続けていた。

当時の僕は、まだ若くて野心もあった。

それで、なんとか、このモノリスを上場させたいと思った。気持ちとしては、上場して、社会に影響力を持つ会社にしたかったのだ。

監査法人に経営状態を見てもらうと、「これはいけますよ、あと2、3年、この状態を続けてもらえれば上場できますよ」という回答。

この言葉で決心して、「よし、上場しよう」って、その気になった。

そのためには、「上場のプロフェッショナルを呼ばなくては」と思って、お金を使って15人くらいヘッドハンティングして人を雇ったのだった。


しかし、人間、調子に乗るとロクなことはない。

ちょうど、その頃からだんだんと業績が悪くなってきたのだ。


あれ？　これは、上場どころじゃないかもしれないぞ。

そう思った僕は、監査法人に相談してみた。

すると「岩井社長、この事業とこの事業はめっちゃ利益が出ているから、どんどん推し進めましょう。逆に、この『シーガルスクール』と『スポーツフォーラム愛知』っていう事業は利益が出ていないからやめましょう」という回答だった。

これを聞いて、僕は「ちょっと待て」と。

僕にとって「やめたほうがいい」って言われた2つの事業は、儲けを度外視して、「これをやりたくて会社をやっているんだよ」という位置にあるものだったのだ。

それで思った。「これをやめるくらいだったら、上場なんてしなくてもいいや」って。


悩んで、僕の思いを社員に打ち明けると、こんな言葉が返ってきた。

「上場したいと言っているのは社長じゃないですか。正直、僕らはぜんぜん、上場したいなんて思っていませんよ。ウチの会社って、もっとも上場に向かないタイプの会社なんじゃないですか」


この社員の言葉は鮮烈だった。

そうか、上場したがっていたのは自分だけだったのかって……。

もう1つ。目からウロコだった言葉がある。

テレビか何かで、堀江貴文さんが「会社は何のためにあるんですか?」って聞かれた時に、こう答えていたのだ。

「そんなの、株主のために、決まってるじゃないですか」

これを聞いた時に、めっちゃ違和感を感じた。

「そうか、上場するってそういうことか」って。

別に株主のことを悪く言うつもりはないけれど、お金を投資して利ざやで儲けようとしている人たちのために、汗水たらして働くのは、なんか、自分の信条に合わないなって思えたのだ。

そんなことから、僕は、株式会社モノリスを上場させるのをやめたのだった。

……と、そういうふうに書けばかっこよく聞こえるが、実のところ、業績が落ちてきて、やはり、当時の僕には、「上場するだけの力がなかった」というのが、一番大きな理由だったと思う。


さて、そうこうしているうちに、いよいよ、モノリスの存続を脅かす最大の危機に直面したのだ。

詳しくは書かないが、**「今月中に5000万円のお金が用意できなければ、モノリスはつ**

ぶれる」という状態に陥ってしまったのだ。

モノリス最大の……、いや、「マネーの虎」こと岩井良明の経営者としての人生で、最大の危機が始まろうとしていた。

モノリスを買ってください！

よく言われるように、「晴れの日には傘を差しだすが、雨の日には傘を取り上げる」のが銀行だ。どんなに頭を下げても、危ない会社に５０００万円は出してくれない。

困り果てた僕は、なんとかモノリスを存続させるために最後の手段に出た。

京都に、ずっと僕に目をかけてくれている社長がいるのだが、僕はその社長のもとを訪ねて、こう言ったのだ。

「社長、モノリスを買っていただけませんか！」

その社長は真摯に僕の話を聞いてくださった。

その後、社長の奥様や、社長の会社の役員の方が何度もモノリスまで来られて、社員には極秘のまま、モノリス売却の話し合いは進められたのだ。

それは、いよいよ売却の最終的な話し合いとして、僕と役員の方と社長の奥様の３人でお会いしたときのことだ。僕も大好きだった社長の奥様が僕に言ってきた。

「ねえ、岩井さん、最後に1つだけ言いたいことがあるんだけど」

「はい。なんですか？」

「なんで、買う会社の社員よりも、買われる会社の社員のほうが、給料がいいのかしら？」

そう。社長の会社の社員より、モノリスの社員のほうが給料が高かったのだ。

「これ、私、絶対に納得できないわ。だから、会社は買うけれど、社員の給料は全部下げますからね」

頭をハンマーで殴られたような思いだった。僕はその場で土下座して言った。

「たしかにおっしゃる通りです。なんか僕、とても失礼なことをお願いしていたんですね。すみませんでした。僕からお願いしておいて、こんなに何回も足を運んでいただいて、お時間も取っていただいたのに、**本当に申し訳ないんですが、この話、なかったことにさせてください！**」

こうして、僕はその日、役員の方と社長の奥様に帰っていただいたのだ。

実はこの日の午後。僕は、モノリス売却について伝えるため、全社員に召集をかけていた。

全社員の前に立った僕は、これまで、皆に黙ってモノリス売却の話を進めていたけれど、その話がなくなったことを伝え、さらにこう言った。

「ウチの会社はもう終わりだ。はっきり言って、沈むしかない泥船だ。でも、クビを切ることはしたくない。今日の話を聞いて、『これは駄目だ』と思った者は辞めてくれていい。ただ、**泥船が沈む瞬間を、今後のために体験したいヤツは残ってくれ**」

僕の言葉を聞いて、その時の社員、80人のうち、若い社員を中心に30人が会社を去った。その30人のなかには、上場を夢見た時にヘッドハンティングで引き抜いてきた15人全員が入っていた。やはり、金につられてきた人間にとっては、金の切れ目が縁の切れ目だったのだ。

残ったのは、古参社員を中心にした50人。

この50人で、僕は、**月末まで、もう一度あがいてみることにした**のだ。

僕は、月末までに再度、京都の社長のところへ相談に言った。

「このまま行けば、月末にはつぶれます」

僕がそう伝えると、この社長、すごい方で、その場でポンと1000万円を出してくれた。そして、「岩井君。僕が個人で貸してやれるのはこれだけだ。でも、この金があっても君、月はまたげんやろ」

社長の言う通りで、当面、必要なお金は5000万円だったけれど、その後の運転資金を考えると最低でも1億円は必要だった。1億円がなければ、どのみちモノリスは潰れる。

万策尽きたように思えた。

しかし、その社長は、その場で「もしかしたら」と、知り合いの金融関係の方を呼んでくださったのだった。

借金1億円！

「岩井さん、残念だけど、1億なんて到底無理です」

社長が呼んでくれた金融関係の方によれば、「せいぜい3000万円が限界」だという話だった。

ただ、自分はとても出せないけれど、上野にいる知り合いなら、もしかしたら貸してくれるかもしれないから行ってみてはどうかと提案された。ちょっと個性的な人間だが、彼なら、もしかしたら、もしかすると。もし、その気があれば紹介すると。

「ぜひ、紹介してください！」

もう、覚悟はできていた。次の日、僕は副社長の下川と2人で上野に向かった。

指定されたのは、上野の大きな中華料理屋だった。そこに、私服のお兄ちゃんがやって来て、「おう、なんの話や」って……。たしかに相当、個性的だ。

僕が話をすると、けんもほろろだった。

「無理や、無理や！　まあ、紹介でもあるから5000万は出したる。それ以上は絶対に無理や！」

そう言われても、「はい、そうですか」と帰るわけにはいかない。僕は必死で粘ってしゃべりまくった。

と、そのうち、兄ちゃんが一緒に来ていた下川に言ったのだ。

「ちょっと、悪いけどあんた、席を外してくれへんか。社長と2人だけで話したい」

どうも、このお兄ちゃん、僕と違って理責めで賢いタイプの下川が気に入らなかったようで、要は、お前はもう帰れと。

お兄ちゃんと2人だけになっても、僕は必至で訴え続けた。

すると、お兄ちゃんが「やばい、やばい」って言い始めたのだ。

僕が「どうしたんですか？」って聞くと。

「やばい、貸したくなってきた」と。

「貸したくなったんなら、貸してくださいよ」

「アホッ！　貸したくなっただけで貸すとは言うてないやろ！　お前なんて、今日、はじめて会った人間だぞ、そんなヤツに1億だぞ。**岩井さん、あんた、ホントに返す気あるんか？」**

「あるに決まってるじゃないですか！　**なんとしてでも返しますよ！**」

「そうか…………ちょっと、待ってろ」

その場で30分くらい待たされたと思う。

戻ってきたお兄ちゃんの手にはデパートの手提げ袋。

中身は1億円の札束だった。

「いいか、岩井さん。金は貸す。貸すけれど、こっちも怖いから、あんたの会社の株券、それから、あんたの家の権利書、車の車検証、そういうものを全部出して欲しい。それで、1億貸したる！　1年後に、利子も含めて返ってこなければ、それらは全部もらう。それでもええか？」

とんでもないリスクだったが、そのときの僕には、それでも有り難い話だった。

僕は「**わかりました！　絶対に、僕の人生をかけて、必ず返します**」って、2つ返事でお金を受け取ったのだった。

翌日、会社に戻った僕は、会社の金庫番である総務部長に告げた。

「1億円借りてきた。これで、とりあえずモノリスは月をまたぐことができる。その代わり、1年後には、利子をつけて全額を返さなあかん」

後日、この総務部長が、モノリスの会計士の先生のところへ行って、「ウチの会社、1億円借りました」って報告したら、「**君、悪いことはいわないから、すぐに会社を辞めなさい。僕が知り合いの会社を紹介するから**」って言われたそうだ。

「わしは長年会計士をやっているが、そんなことをやって生き残った会社は1つも知らん。**絶対に潰れるから、今すぐに辞めたほうがいい**」と。

総務部長からその話を聞いた僕は、「じゃあ、会計士さんに、**『ウチが、1億借りて生き残った最初の会社になってやるよ』って伝えてくれよ**」って、総務部長に言ったのだった。

命の恩人たち

つらつらと苦労話を書いても仕方ないので、結論から先に言おう。

1億円を借りた僕は、その1年後に、利子も含めて、全額をきっちりと返済することができた。

老齢な会計士の先生にとって、「1億円を借りて生き残った最初の会社」になることができたわけだ。

第1章の冒頭で、僕が偶然に『マネーの虎』の放送を見て、番組に出ようと思ったら、いつの間にか「マネーの虎」側になってしまったのも、この1年の出来事だ。

考えてみれば、1億円を借りている状態で、「マネーの虎でござい」って、テレビに出ていたのだから、我ながらいい度胸だと思う。


このとき、僕に1億円を出してくれた彼は名前を青山さん（仮名）という。僕が耳をそろえてお金を返したときは、「この人はきっと返してくれるっていう俺の勘が当たったよ」って喜んでくれた。

彼は、僕を信じてくれたからお金を貸してくれたのだ。


僕にとっては、オーバーではなく命の恩人だ。


彼とは、その後、1度だけ六本木のお店で再会したことがある。

僕が「青山さーん！」て声をかけると、「おおっ！　岩井さん！　久しぶりじゃないか。元気でやってんのか！」って。冗談で「また、お金貸してください」って言ったら「絶対にやだ」って笑っていた。

「青山さんが1億を出してくれなかったら、僕は社会的に抹殺されてました。命の恩人です。本当にありがとうございました」

「いや〜、俺のほうは、利子の分が儲かったから、お礼を言いたいのはこっちのほうやで」

『マネーの虎』放送終了の打ち上げパーティー。虎たちと。

と、そんな会話をして別れたのだ。

彼が先に店を出て、僕が帰る時にお勘定をしようとしたら、「青山様からいただいています」って。「かっこええやん」と思ったものだ。

そんなわけで、今まで30年以上、社長をやってきて、最大の危機はこうして回避されたのだった。

僕はたくさんの人たちに助けられて、今、こうしている。

一番苦しいときにお金を貸してくれた青山さん、1000万円をポンと出したうえに、僕に「青山さんとの縁」をつないでくれた京都の社長、そして、会社の危機になると、あの世から奇跡を起こしてくれて、僕にお金を返し続けてくれているみちる。破天荒な僕を支えてくれる妻。全員が、僕にとっては「命の恩人」だ。

何度も言うように、僕の考え方の根本には「応援団での日々」がある。

「男たるもの、絶対に筋は通すんだ」という思いが、自分のなかのすべてを支配しているのだ。

だから、**曲がったことがどうしても許せない**。

雨の日に傘を差し出さないヤツも許せないし、社員にボーナスを出さずに自分で散財するヤツも許せない。もちろん、「借りたお金を返さない自分」も許せないから、死に物狂いで働いて、お金を返した。

『マネーの虎』に出ているときも、曲がったことを言う社長が許せなくて、噛みついていた。すると、「岩井さん、そんなことを言うなら、自分で出せや」なんて言われて、「だったら、いいっすよ。俺、出しますよ」ってなって、つい、お金を出してしまっていたのだ。

たくさんの人に応援されて助けられてきた、曲がったことが嫌いな元応援団の自分。

ここ数年、そんな**自分の集大成として、これから何をするか**、考え始めるようになっていた。

「我慢の10年」を終えて

僕の人生を変える1つになった番組、『マネーの虎』。

実は、あの番組、虎たちにとっては放送が終わった後のほうが酷な番組だったのだ。

なにしろ、番組の終了後、「マネーの虎」だった社長の会社が倒産すると、そのたびに雑誌やテレビでニュースとして取り上げられたのだから。

事業なんて、トライ＆エラーが当たり前なのに、「偉そうに『マネーの虎』とか言っていたけど、このざまだ」みたいに、エラーのほうばかりが悪意を持って取り上げられていた。

そんなことから、僕は会社が倒産するのがすごく怖かった。

「とにかく、なにがなんでも生き残らなきゃ格好つかんぞ」なんて思っていたのだ。

まあ、今にして思えば、それも、頑張る理由の１つになったわけだが、当時は大きなプレッシャーだった。

だから、１億円の借金を返し終わっても、**番組が終わってからの10年間というのは、決して「躍進の10年」ではなくて、「我慢の10年」**だったのだ。

それまで、新規事業をやっては潰し、やっては潰しを繰り返していたが、この時期は我慢した。

幸い、塾のほうは、妻が社長になり、僕はいっさい口を出さないという約束の元、不採算の塾舎をばっさばっさと削っていき、経営をこじんまりとしたことで採算が取れるようにしてくれていた（前の章で、「妻がいなければ、今の僕はいない」と言った意味がわかっていただけるだろう）。

僕のほうは僕のほうで、この時期、モノリスジャパンという、学校・学習塾など教育業界に特化した広告代理店の経営に専念していた。

そして、上場をあきらめたことから、会社を大きくするのをやめて、会社を7つの法人に分けて、それぞれに社長を据え、20～30人の野武士集団を作るように、細分化していったのだった。


こうして、僕は、「今」を迎えている。

振り返れば、波瀾万丈……というか、波瀾しかない人生だった。

29歳のときに、下川、桑田と3人で独立して事業を始めてから約30年が経過したわけだ。

ここにきて、僕は、**自分が生きてきた証というか、集大成となる仕事を始めたいという思いがフツフツと湧いてきた**のだ。

自分は集大成として何を成すべきか？

答えは、意外と簡単に出た。

それは「**採用**」だ！

僕にとって、一番楽しい、心躍る仕事は、いつも「採用」だったのだ。

自分の思いを伝えた相手がこっちを向いてくれること。自分と一緒に仕事をする仲間になってくれることは、いつでも快感だった。


そして、2018年11月。僕は1つの事業を立ち上げた。

やろうとしているのは、**就職したい学生と、人を採用したい企業とのマッチングだ。**

塾を経営し、教育関係専門の広告代理店をやってきた僕は、これまでも、「採用」に少しではあるが携わってきた。入社案内のパンフレットや映像を作ったり、会社説明会や選考会のコンテンツを作ったりはやってきたけれど、学生と企業を結びつけるイベントのようなものには手を出していなかった。

今後は、そこについて、腹をくくってやっていきたい。

というか、**僕はそれがやりたくて仕方がないのだ。**

僕はまず、ＹｏｕＴｕｂｅで番組を立ち上げることにした。

本書の「はじめに」で、最近、僕が街角で、若者から声をかけられるようになって、その理由が、若者たちが今、ＹｏｕＴｕｂｅで『マネーの虎』を見ているからだというお話をしたと思う。だから、ＹｏｕＴｕｂｅをうまく使えば、就職を控えた学生たちにアピールできると考えたのだ。

僕が司会役となって進めるＹｏｕＴｕｂｅのコンテンツ。

その名も、「**就活の虎チャンネル**」と「**令和の虎チャンネル**」！

僕の集大成となる取り組みがスタートを切った。

そして、「就活の虎」、「令和の虎」

「就活の虎チャンネル」のコンテンツとして、僕が最初に考えたのは次の2つだった。

まず、1つ目は、「**就活しなかった人々**」。

就活がテーマのチャンネルなのに、あえて、これをコンテンツにしてみた。

ひと言で言えば、「就活しなかった人たちの話を聞く」というものだ。

面白いことに、『マネーの虎』に出演していた社長たちって、就活していないどころか、ほぼ、全員が大学を卒業していなかった。中卒、高卒、そして、僕のような大学中退ばかり。少なくとも、あの番組に複数回出ていた社長は、僕が知る限り全員が大学を出ていなかったのだ。

大学を卒業して、普通に会社に就職してっていう、いわゆる**「レールに乗った人生」から外れた人たちが、社会では社長としてガンガンやっている**。

それは、反骨心があるとも言えるし、いっぽうでは学歴コンプレックスをバネにしているとも言える。僕自身が、リクルートで高学歴の正社員たちのなかでその思いを経験しているからよくわかる。

その事実を学生たちに伝えたかった。

だから、そういう人たちの声を、あえて就活を迎えた学生たちに聞いてもらいたいと思ったのだ。

普通に大学を出て大企業に勤めるのも悪くはない。でも、ベンチャー企業のほうが、すぐに責任ある仕事を任されるのでスピーディに成長できる。

そして、夢も叶えやすい。

もちろん、自分で起業したっていい。

レールを外れた人生のほうが面白いし、やりがいがあることをぜひ伝えたいのだ。

そんなわけで、番組では、『マネーの虎』で知り合った社長をはじめ、LGBT（セクシャルマイノリティの総称）の人たちとか、成功している銀座のクラブのママとか、多彩な人たちに出演していただいて、インタビューしていきたいと考えている。

学生たちに、世の中にはいろいろな人たちがいて、それぞれに生きているんだという、「社会の多様性」のようなものも知ってもらいたいと思っているからだ。

そして、もう1つのコンテンツが、「**就活版マネーの虎**」だ。

これは、大学生を番組に呼んで、ガチンコで「公開就活面接」をしてもらうというもの。

あの番組、『マネーの虎』のように、学生に新規事業の提案をしてもらうこともやりたい。

もちろん、学生には実名も大学名もさらしてもらう。

そうすることで、番組を見た、起業の採用担当者が「この学生、素晴らしい、ウチに欲しい」となった時は、連絡をつけられるようにする。

番組が、学生と企業をマッチングするというわけだ。

これ、相当に度胸がある学生しか出てこないと思う。

僕は本気でコテンパンにするつもりなので、覚悟して欲しい。


ちなみに、実はこの形式、僕の会社の最終選考会でずっとやっている方法なのだ。

うちの会社って、3次面接で『マネーの虎』をやって、通り抜けないと就職できないのだ。

だから、今回は、それを一般でもやってみようかと、そういう感じでもあるのだ。

僕が人生の集大成として始めた、学生と企業のマッチング。
そのスタートとなる「就活の虎チャンネル」と「令和の虎チャンネル」はこちらだ。
https://www.youtube.com/channel/UC43vpfSUDrDvD5JIQ7XQHxA（就活の虎）
https://www.youtube.com/channel/UCTyKZzmKi95wxmCg9rU-j6Q（令和の虎）

＊「就活の虎」「令和の虎」というキーワードでも検索可能です。

「我こそは、『就活の虎』だ！」というあなた。

ぜひ、素晴らしい事業の企画でチャレンジして欲しい。

僕は、あなたの挑戦を待っている！

人を育て、残したい

「岩井社長の成功の秘訣はなんですか？」

『マネーの虎』を見てくださった方から、そんな質問をされると、僕はいつもこう答える。

「僕は、今の自分を成功者だなんて、これっぽっちも思っていない。僕が成功者だというのなら、成功なんてちんけなものだと思う」

だって、若い頃は、自分の会社は、今の規模の100倍くらいは大きくできると思っていたのだから……。

ただ、上場もできず、社会的に大きな影響を与えるほどの大企業にもできなかったけれど、「**いい会社を作ることができた**」という自負はある。

僕はリクルート社にいた時、いい会社も悪い会社もたくさん見ることができた。

そして、「自分が、会社を作るときには、悪い会社を反面教師にして、そういう会社にはならないようにしよう」と考えていて、それは果たせたのではないかと思っているのだ。

僕は常に「筋を通すこと」を貫いてきた。筋を通すことは、時には儲からないし、うまく事業が回らないこともあるけれど、そんな、愚直な会社のほうが自分には合っていると思う。

自分に共感してくれる仲間に囲まれて、「なんか、いい会社が作れたな」と……。


ここまで自分がやれたのは、正直、**「運」のおかげ**だと思っている。

いざという時に、助けてくれる人が現れる。

それは、「運」なのだ。

しかし、僕は、その**「運」は、自分でたぐり寄せたものだと思っている。**

30年間生き残ることができる会社は4000社に1社なのだそうだ。

会社はなぜ潰れるのかというと、助けてくれる人がいないから潰れるのだ。

生き残れなかった3999社の社長は、「助けてくれる人」という「運」をたぐり寄せることができなかった。

たった300万円が足りなくて潰れる会社もあるのだ。

それは、黙って300万円を出してくれる人がいなかったということだ。

逆に言えば、僕が生き残ることができたのは、「岩井という人間は絶対に裏切らないし、最後まで筋を通して、とことんやるヤツだ」って思ってもらえて、**助けてくれる人がいたから生き残れたのだ**。

僕が今、やりたいこと。

それは人を育て、そして、残したいということだ。

僕の会社で働いて、ほかの会社へ転職した子から、よくこんなことを言われる。

「社長の会社で普段やっていたことが、転職先の会社ではとんでもないことになっています。そんなに努力していないのに、僕、あっという間にトップ営業マンですよ」

こんな声を聞くと、僕の「人の育て方」は間違っていないと自信を持てる。

自分の「生きざま」を見せることで、いざという時に「手を差し伸べてくれる人」が現れる。

僕は、そんな、**自分で運をたぐり寄せることができる人を育て、残したい**のだ。

それが、僕の「生きた証」だ。

そして、それこそが、子どもの頃から、ずっと考えていた、**「なんで、人間は生まれてくるんだろう？」「なんのために生きるんだろう？」という疑問への答え**なのかもしれないと思っている。

おわりに

感謝の置き土産

昔、とても信頼している占い師の女性に言われたことがある。

「岩井さん、残念なお知らせがあるわ。あなた、仕事における天命がないわ」

実は僕、その占い師さんにこんな質問をしたのだ。

「もし、今、目の前に神様が現れて、『おい岩井、お前は、この仕事をやるために生まれてきたんだぞ』って言ってくれたら、なんの迷いもなくその仕事にまい進するのに、いまだにそれがない。僕はこの仕事を続けていて、いいのかな？」

その僕の質問に対する答えが、「仕事の天命はない」だったのだ。

「じゃあ、僕は、なにをして生きていけばいいんですか？」

そう聞くと、その占い師はこう答えてくれた。

「それはね。もう、あなたには分かっているはずよ。**あなたは、いろんな人を助けるために**

生まれてきたのよ」

占い師さんによれば、僕の前世は滅茶苦茶にやんちゃで、まわりに迷惑をかけまくったらしい。だから、今世で、その恩返しをしているのだと。

「だから、あなたは、**困っている人がいると放っておけない**のよ。普通の人はスルーしてしまうのに、あなたにはそれができないの」

言われてみれば、たしかにそんな気もする。

『マネーの虎』で、つい、お金をだしてしまうことも、みちるのことも合点がいく。

なるほど、それで僕は生きて……いや、**生かされている**のか。

その占い師曰く。

僕は68歳まで、現場でバリバリやるのだそうだ。

68歳……。

僕がバリバリやれる時間は、少なくとも、あと約10年はあるらしい。

残りの10年になにを残すか？

僕は人が好きだ。

人を育てたいし、人の役に立つものを残したい。

それが、僕の集大成である、学生と企業のマッチングの仕組みだ。

学生と企業の両方に喜ばれて、互いがウィン - ウィンになれるような、そんな仕組みを残したい。

この仕組みが軌道に乗るまでは、なんとしても頑張りたいと思っている。

それが、たくさんの人たちに助けられてきた、僕の「感謝の置き土産」なのだ。

やはり、**僕は、これからもずっと応援団**なのかもしれない。

最後まで読んでくださってありがとう。

岩井　良明

〈付記〉


人生で最初の著書が完成した。

書き終えた今の気持ちを正直に言えば、「本当にこの本を世に出していいのだろうか？」だ。

一応、こんな僕にも妻がいる。

当たり前だが、兄弟もいれば親戚もいる。

それは妻にも当てはまるわけで……。

こんな無茶苦茶な男が旦那であり、弟であり、親戚にいることが世の中に知れ渡ってしまうことの恐怖。


さすがの僕も、ビビりまくっているというのが、偽らざる心境ではある。


それでも、僕という人間は、この歳になるまで、常に正直に生きてきてしまったのだから、今さら隠したってしょうがない。

もう少し上手な世渡りもできただろうに、敢えてこんな生き方を選んでしまったのは何故だろう……。

自問自答してみるものの、ついぞ正解には辿り着けない。

ただただ、ガムシャラに走り続けて、気がつけば59歳になっていた。

たくさんの人に裏切られ、たくさんの失敗を繰り返し、それでも辛うじて生かされて今日がある。

多くの人に許され、ほんの少しの成功の結果で今日がある。

僕ほど「生かされた」男は、そうそういないだろうという自覚がある。

『破天荒』を地で行くような壮絶な人生。

誰にも真似できないような無茶苦茶な経験をして、それでもそれを平然とこなしてきたフリをして、今ここに立っている自分。

きっと自分でも気づかぬうちに人を傷つけ、まわりに迷惑をかけてきたに違いない。

それでも、そんな僕のまわりは、いつも素敵な人で溢れ、たくさんの賛同者と共に今を必死で生きている。

僕は長いものに巻かれたくない。

大きな権力に負けたくない。

不条理なものを許せない。

こんな我儘《わがまま》で自分勝手な生き方を通している「岩井良明」という男についてきてくれる仲間がいる。

こんな滅茶苦茶な人生を突っ走る暴走男を支えてくれる最愛の妻がいる。

僕という人間の存在を認めて、僕と仕事をしてくれる方々がいらっしゃる。


男・岩井、これ以上の何を望むのか？

若い頃は野心もあった。

「男に生まれたからには一番になりたい！」と当たり前に思った。

どんどん会社を大きくしていく経営者仲間に、嫉妬を感じたこともある。

それでも還暦を目の前にした今、僕の心を支配しているのは、そうした野心ではなくなった。

僕と共にいてくれるすべての人が幸せでいられるように。
僕と関わるすべての人が、生きる喜びを感じる日々を送れるように。

そんなことを痛いほど考える境地に達した自分がいることが不思議でならない。

この本は「岩井良明」の遺書だ。

僕の人生など、人の参考になんてなるわけがない。
反面教師にはなっても、人の模範になんてなろうはずがない。

それでもこの本を手に取り、読んでくださった方々が、「こんな滅茶苦茶なヤツでも社会から抹殺されずに今も生き長らえているなら、自分なんて……」と思っていただければ本望だ。

たくさんの人にお礼を述べたい。

まずは、この本を世に出そうと強く推していただいた晴山書店の晴山社長。
今日まで僕を生かしていただいた、仕事仲間の皆様。
東海中高の仲間・同志社大学応援団の関係者諸氏。

株式会社リクルートの皆様。
学習塾業界の皆様。
私立学校の皆様。
教育関連企業の皆様。
僕をYouTubeの世界に誘っていただいた、武田塾の林さん。
僕の命の恩人・成基コミュニティグループの佐々木代表。
「モノリス教育ネットワーク」の社員のみんな！

僕に関わってくれたすべての友人と女性たち。
そして、いつも天国から僕を見守ってくれている「みちる」。

僕を育ててくれた、今は亡き父と母。

そして僕の最愛の妻・詠子にこの本を捧げます。
「いらんわ！」って言われそうだけど（笑）。

皆さん、本当にありがとう！

最後は応援団らしく、

【押忍！】

令和元年5月　岩井　良明

著者プロフィール

岩井 良明（いわい よしあき）

株式会社 MONOLITH Japan（モノリスジャパン）代表取締役社長
株式会社モノリス　代表取締役会長
NPO スポーツフォーラム愛知　筆頭理事
1960 年、愛知県名古屋市生まれ。
　同志社大学在学中に応援団に入団し、第 74 代応援団長に就任した事が、その後のキャリア、信条、人生におけるすべてを決定づけた。「正義」「筋を通す」「女は守るべきもの」。たったこれだけの事を愚直なまでに貫き続けたがために、数奇な人生と奇跡的な会社運営、唯一無二の事業展開を引き寄せることになった。挙げ句、還暦前の 59 歳にして YouTube デビューを果たすなど、その波瀾に満ちた人生は、「生涯応援団長」として現在も継続中。

編集協力：西沢泰生
制作：土肥正弘（ドキュメント工房）
装丁：MONOLITH Japan 竹本侯

令和の虎　人生は All or Nothing

2024年5月31日　第2刷発行

著　者：岩井良明

発行者：晴山陽一
発行所：晴山書店
〒173-0004　東京都板橋区板橋 2-28-8　コーシンビル4階
TEL 03-3964-5666 ／ FAX 03-3964-4569
URL http://hareyama-shoten.com/
発　売：サンクチュアリ出版
〒113-0023　東京都文京区向丘 2-14-9
TEL 03-5834-2507 ／ FAX 03-5834-2508
URL https://www.sanctuarybooks.jp/
印刷所：恒信印刷株式会社

ISBN978-4-8014-9402-2